探路

智慧之毛第三集
Mahteaecihi

Voyu.W｜吳新光、'Iusungu.W｜吳伯文 合著

推薦序一：承啟山林之路

　　拿麼厲害！新光兄和伯文父子兩位又聯手出擊，再度快速的出招爲Cou（鄒族）和我們臺灣這一塊美麗的國土寫下精彩的一頁史篇。

　　翻閱新光兄的文字，恍如走入了臺灣鮮少人能走訪的叢林深處，他帶領著讀者穿越峻嶺深谷、走過連綿峰巒，常常是一股輕柔迷霧迎面拂來，瞬間又是另一座奇峰再現，不由得讓人讚嘆臺灣山林剛柔並濟的神祕之美，而想進一步探訪高山崇嶺的神聖風貌。

　　新光兄於《探路：智慧之毛第三集》一書中，以當年參與「新中部橫貫公路」之高山實地踏勘測量及山林生活經驗爲主軸，先以宏觀的角度從我國三大橫貫公路的重大建設切入，再聚焦於新中部橫貫公路之測量，分別從參與新中橫公路「東段」和「西段」規劃路線之測量任務，帶入一路上的所有敬謹探訪森林的心情、獵人爲族人踏勘獵徑般的使命感、謙卑學習所見、團隊合作精神、高山生態觀察和互動、鄒族傳統文化的溫習、有感於日治駐在所的廢棄遺址和周邊殘留的山葵生命力等等，再從那般的珍貴記憶情境中盡力回溯蒐集相關的文獻和影像資料、回頭再走過一趟，並從現代的生態價值觀檢視當年認眞走過的路，尤以新光兄曾參與測量任務的舅舅Amo-yapsuyongx（安憲明耆老）於2017在homeyaya（小米祭，Cou的過年）場上親自交付珍藏的照片，並再三殷殷囑咐務必要爲兒孫留下一生懸命故事的情景，實難讓人不動容！

　　書中並涵括八通關越嶺古道的行程目的和一路走過的記趣、早年鄒族傳統領域及獵場介紹、鄒語「300個附註詞彙」之蒐集、標點符號與轉譯之實務……等篇章，均甚精彩可觀，最終以

介紹「測量之歌 coeno coeno（果然 竟然）」爲全書之總結，至此，卻猶如聽見新光兄在山林中放聲爽朗的高歌，餘音繞樑、久久不去。又誠如新光兄所說的：「每當取道信義鄉臺21線捕捉高山瞬間美景時，常駐足於140公里處的日出絕佳觀景點景仰聖山。」讓我們又猶似從《探路：智慧之毛第三集》看見新光兄埋頭奮力撰寫、踏實的帶領Cou族年輕的一代持續前行的認眞精神，在那樣承啟山林的路上，相信後來者應該也是站在原住民傳統文化的140公里處仰望新光兄吧。

行政院農業委員會林業試驗所全國種樹諮詢中心
諮詢專家

推薦序二：探路：智慧之毛第三集

　　原住民族知識是在土地上走出來的，知識是空間地的存在，失去領域空間，便失去賴以生存的知識！

　　本書主要作者吳新光先生，其實是鄒族達邦大社（hosa ne tapangʉ）傳統領袖家族吳氏（uyongana）之長老，他當然熟悉傳統家族以及大社部落中的傳統，尤其各項祭儀、祭屋及會所文化，因而鄒語是非常流利道地，曾擔任鄒族語教師，並經常參與族語認證考試命題工作，從事族語寫作，他完成了兩本著作爲mahteaecihi（智慧之毛）及iachi bohngu ta iachi ci fʉecʉ' ia（小白豬的自我認同）。智慧之毛書中honga na misi ta e' e no cou（認識鄒語之根）及papua, 'tohʉngʉ ta cou（蟻旋/頭旋，鄒族人的想法），並都曾入選教育部原住民族族語文學獎。

　　而且也確定的是吳長老絕非只安於室寫作，而是屬勤於探索傳統領域的鄒族男子，於1980年被邀請參加新中橫公路的測量工作，那時候甚是年青，或許是因爲要經過鄒族傳統領域及想要找尋先人的足跡，而參與如此危險的工作。

　　吳長老也長期任職公務機關，曾在石門水庫一直到退休，所以他精通族語又很會使用中文書寫及創作。

　　然而等到退休後才能專注在族語文化工作，更是老來重返四十年前曾參與測量走過的路線，目的是，從新整理路線經過的鄒族傳統領域之山川地名及傳說故事，就在這樣的踏查、走讀中記錄下了人文地理景觀、傳說故事以及觀點，並拍下珍貴景像，這些紀錄結合當年測量時珍藏的手繪地圖，最後匯集成這本書：探路（智慧之毛第三集）。一起寫作任職原民台的小姪伯文，更自幼常跟隨父親探訪山林，我們可以想像！山林中同行的一對父子，一對一的對話，正如師徒般暢流優揚的知識迴盪在山林間，

象徵著鄒族古老土地智慧的傳承與延續。

　　就鄒族觀點而言本書重要的貢獻，是他踏查並記錄了鄒族幾乎已喪失的東部傳統領域之地理範圍與環境形勢，許多我們現在幾乎很少造訪，尤其近遺忘的地名加以記錄、繪圖及拍攝，非常珍貴。本書中也記錄鄒族傳統領域之核心區，我們可以清楚的理解，如所紀錄到傳統領域之名：va'hʉ ta kokos' oza（很多　溪蝦河流―闊闊斯溪）、va'hʉ ta mohkuv' o ci c' oeha（流錯方向的河流―秀姑巒溪流域）、mʉ' caciku（交會口　切割之河谷深淵）、cikei（新康山）、nvavaiana（八通關）、suesuana（金門峒斷崖）、ca' haamu（安平）、maeno ne ciengona（塔芬尖）、spepea（向陽山）、tuhiune spepea（嘉明湖）、kakatuana（大分）、'tocʉhmana（利稻），早年先人山林活動之範疇本就都有鄒族地名。

　　吳長老還記述鄒族鳥占中繡眼畫眉oaimʉ/oaszmʉ 的叫聲及所傳達之信息，有cahcaicici（警示）、engaho（告知）、peeteongo（半喜悅）、tmusansango（報佳音）。而且還讓我們知道一些長者意識表達方式古老語言，並呈現的三百個鄒語字詞大多是較艱深、不常使用及近遺忘的鄒族文化關鍵詞彙，已經沒有多少人能舉出並書寫成書，甚值得有心嘗試習鄒語的讀者朋友學習，也因此樂於為讀者推薦本書。

　　引用吳長老所言：長者- 探路；路- 你自己踩平。

汪明輝
tibusungu'e vayayana

tibusungu'e vayayana, lalauya, tfuya

推薦序二（鄒文）：mifeo（探路）--智慧之毛第三集

ahtu o'te 'so mout'ot'ou ho cocoeconʉ ta hupa, tena ko'ko meelʉ bobochio ho yaa to'tohʉngʉa, ina to'tohʉngʉ c'o acʉhʉ cmʉfeʉ ta hpʉhpʉngʉ, ho ci uk'ana na hupa, tena asansana payo'a nala koa h'oyunsova ci la hia mau'to'tohʉngʉ!

i'e ohaeva ci voyu, ci mita atuhcu tmopsʉ ta isin'a tuyafa, macu alʉ mameoi ta conoemo ta uyongana ne tapangʉ, ahtuo'te'so bobochio no niala auesiesi hia yahioa no cono emoo ho cono hosa, aovaho na mamemeesi ta emoono peisia ho kuba, mohtala lema'cohio ta e'e no cou ho asngcʉ i'upu tola mooyai tposʉ no siken to e'e ta cou, mita maezo 'oahngʉ to mo na'no memealʉ bua cou ci mameoi, ko'ko micu alʉ yuso cimo bua cou ci tposʉ 'o ohta cu aepʉnga, zou "mahteaecihi（智慧之毛）" ho "iachi bohngʉ ta iachi ci fʉecʉ'ia（小白豬的自我認同）", 'e ita so'ayumona ci "honga na misi ta e'e no cou（認識鄒語之根）" ho "papua, 'tohʉngʉ ta cou（蟻旋/髮旋，鄒族人的想法）", ihe so'upa to mo ʉmnuʉ ci tposʉ ci te la poa aitneni to sopepea ta 'oyona tmopsʉ ci ciao-yi-pu（教育部）.

ci asansano o'a latas'a anouc'o ekoekotu ho mooyi tposʉ, ma 'oahngʉ tola asngcʉc'o mihmifeo ho bihbiavovei ta mahuhupato ci hahocngʉ ta cou, ne ohe la engocha ho poa i'upu to mosola sokulio no 新中橫公路ne 1980nen, ma mohtan'a la na'no foinana, zou asonʉ 'so tehe sai'u'upa 'o hupa ta cou, ho mioci to'o'ofehni no niala caphʉ no noana'oto, ko'ko mohta i'upu to a'ʉmta sokoeva ci hi'hioa. mohta la maezo nona'o ta 'oyona tmopsʉ ta seifu ho yahioa, zou no'aesiesi ne thao-yen, to la so'eʉt'ʉcʉ to 石門水庫, noc'ʉhʉ ne mohta cu anana'o

noepɨngɨ, ko'ko mita memealɨ buacou ho maezo memealɨ titposɨ no
puutu.

ahoi ne mohta cu tosvo to 'oyona tmopsɨ, alɨcu yahyangtosa,
ohtan'a i'vaha mooveia 'o ohin'i la mia ci ceonɨ, ne mohin'i la
sokulio ne auyusi no tonsɨptɨha, ho yaeza tpotposi na a'ausna si ho
to'tohɨngɨ hin'i ho n'a sasiing, ataveisi ihin'i cu teoteai ho soteuyuna
ta os'o pa'cohieni ci faeva ci tposɨ. 'e lata ipopohneni mooyai tposɨ,
cila yonta enmintai/原民台 ci okoci 'iusungu, ahoi ne mohtanala oko
ho maezo na'noc'o mee'ohfehni 'oyo fuengu, teto no yota'ausna!
yuyuso cocoeconɨ ta fuengu ci na'vama ho yupapt'ipt'ingi, aɨlɨ
lema'cohio ho lemomaemaezo, cina hia moohsohsonɨ ho yonghu ci
'tohɨngɨ fihfihngau ta mafufuengu, ieni tan'e ci'aeno aesiesi 'tohɨngɨ
ta hupato, teto paepecngicngiha ho so'aesiesia.

ieni ta cou, 'e isi eafneni ta tposɨ ci 'tohɨngɨto, zou ita mia ho
tposi 'o tec'u payo'a ci a'ausna ho mi'ausna to mahuhupato ne omia,
mo man'i 'o o'ana lato lua saic'ɨhi maitan'e, aovaho man'ici tec'u
mon'ia apeoha ci maoonko ta hpɨhpɨngɨ ita acɨha tposi, sasin hon'a
zunga, yaeza eɨsvɨsvɨta na taico ta aesiesi hupa ta cou, teto peela
husansana ho cohivi, a'ɨmta nana angangoza ci tposɨ, maito itano
tposi ci tac'u mon'i payo'a ci ongko to mahuhupato - "va'hɨ ta
kokos'oza（闊闊斯溪）, va'hɨ ta mohkuv'o ci c'oeha（秀姑巒溪
流域）, mɨ'caciku（數河交會深谷）, cikei（新康山）, nvavaiana
（八通關）, suesuana（金門峒斷崖）, ca'haamu（安平）, maeno
ne ciengona（塔芬尖）, spepea（向陽山）, tuhiune spepea（嘉明
湖）, kakatuana（大分）, 'tocɨhmana（利稻）", mamosola acɨhɨ
yaa ongko no cou, 'e ohecula afu'a saic'ɨhi no niala noana'oto ci
maɨhpɨhpɨngɨ.

ita n'a yaeza tposi holato ma'vazomɨ i'ola hia muni ho ma'cohi
to oaimɨ/oaszmɨ, la cahcaicici, engaho, peeteongo ho tmusansango,
na'no mav'ov'o ci tmu'ausna. ho mamo na'a nan'i 'o ita pa'cohieni

ci mo acʉhʉ matmameo ci e'e ta cou, 'omo see'tueva ci e'e, acʉhʉc'o ngveo ho 'anala lua titha ho mon'icu aapayoʉ ci 'eo'eongʉ bochio ta h'oyunsovato, 'anamo loyo nateen'a meelʉ eafo ho mooyai tamo maica ci tposʉ, te a'ʉmtʉ na'no h'aseolʉ ho ci la poa aitineni no tela mioci aothomʉ bua cou, ko'ko os'o pa'cohieni ho poa aitneni 'e tposʉ eni.

　　boemi to ita engha ta ohaeva- "mamameoi - mifeo ; ceonʉ - teko iachia p'eʉsʉseomi ".

tibusungu'e vayayana

tibusungu'e vayayana, lalauya, tfuya

自序

　　《探路》一書，以新中橫公路高山測量工作生活札記、鄒族文化及山林實務經驗為背景。筆者於1979—1981年間參加臺灣省公路局新中橫公路「玉里玉山線及嘉義玉山線」部分測量工程。高山實地測量工作具高度艱險，登山者，可依循既有登山步道，縱有暴風疾雨亦能平安抵達，但高山測量工作，則必依循公路測量規劃標定方向，不論任何地勢、任何環境皆無可迴避，砍草鋸樹、搭橋築路及來回清除主線道上視障物，不同地形重複著相同的工作。臺灣高山層巒疊嶂、險峻奇峰，擇取路徑常為褶皺崎嶇、斷崖崩壁、纏結雜林等，惟有身歷其境始撥揭詭祕驚豔、儀態萬千如美少女般的神祕面紗。

　　交通如人體之血氣，通則不痛痛則不通，理論上，新中橫公路著實可助中臺灣東、西部二地距離縮減、對山區交通之便捷及有助經濟發展與區域繁榮，為屬國家軟實力之具體呈現。但走訪臺灣生態核心區，就原住民直觀直覺，對傳統領域可能帶來威脅及人類無可彌補之災難，若僅為迎合觀光交通及經濟利益，而犧牲自然生態環境及原住民族傳統文化空間。就以近代之921大地震地層土質鬆動及88水災肆虐等，自玉山峰頂遠眺四週，青山綠水不復再，大地創傷似低頭哭泣無言的抗議。

　　本書以瞭解政府闢建臺灣「各橫貫公路」，再聚焦「新中橫公路」測量期間各心路歷程，並就高山艱險測量中，充分展現傳統鄒族族群團結一致性、崇老尊古、應對大自然之態度，以延續《智慧之毛》第一、二集，同為融滲鄒族特殊生活經驗及隱含深層鄒族文化內涵之體現，為免執文害意沒有精湛之大漢文采，皆著力於當時測量工作實際生活點滴、鄒族山林智慧等素雅生動的披露真實的山林生活情感，祈讓讀者朋友們，更能從中瞭解應對

大自然萬象雜陳、各謀生機的山野叢林中，如何成爲能掌握自己命運，逢凶化吉之優遊大地子民！

　　因優勢族群來臺後，外來文化之直接衝擊及強權政府同化政策，使原住民族群文化及語言嚴重斷層，於青黃不接之今日，僅探制式教學及長輩口說傳承，對尚未深入族語及文化領域，刻正牙牙學語之年輕族人，著實不具照單全收快速內化之能力，筆者因而捨去族語老師，而從事耗資費力嘗試寫書工作，因若不羅縷紀存，必將隨長輩快速消逝無存，且筆者切身經歷之周遭事務，採以較不受外界干擾「回憶錄」方式記述呈現，期拋磚引玉，有志一同擒埴索涂作故事分享，因「您我的小故事，必將是未來歷史的環結及滋養」，歡迎讀者朋友們對本書不吝討論、批判及建言，俾有助於未來臺灣原住民族「傳統知識體系」之建構及「族語文化」之復振工程，促使天賜瑰寶能永續適存於美麗的福爾摩沙斯島。爲填補隨光陰流逝的記憶，喚起塵封往事，因而老來再度重裝重返八通關古道越嶺（9天8夜）艱辛旅程的努力，祈將最美麗生動的音符樂章分享讀者朋友。

吳新光

本書特色

　　一、《探路》一書，係以新中橫公路高山測量生活札記爲核心主軸，以臺灣各橫貫公路之概述，再聚焦新中橫公路測量及生活記敘，皆爲筆者於山林中之實務經驗舉要治繁作陳述分享，非虛構性之自創作品（併附經典相片30張更易理解）。

　　二、全力響應原住民族語文化之振興政策，期導引原住民族群「年輕族人」學習關注自族地理環境、山林智慧及傳統生活知識；本書屬彌足珍貴的山林及文化實紀，可補足制式教材在自然生態及動物保育上之缺漏，更可深化非原住民讀者朋友對原住民族文化之認識。

　　三、爲探索四十年前新中橫公路測量區、日治廢棄駐在所遺址、駐在所遺址臨近殘留山葵、鄒族傳說中的mohkuv'o ci c'oeha（流錯方向的河流）等，筆者老來重返八通關古道，將越嶺之紀實納入，期使本書內涵更驚豔豐富及對未來欲體驗八通關古道越嶺之讀者朋友們列作參考。

　　四、本書敘述鄒族曾經山林活動概略範疇之傳說故事、坊間認知及公部門各項資料節錄分享，旨在讓鄒族族人瞭解過往先人足跡，聯結祭歌及鄒族口傳歷史故事所詮釋的內涵。祭歌所言："taayayai'ane nia'a basango 'uka'ani ngausaa."（輝煌的成就、先人的足跡、已經沒有靈魂。）一切皆已成雲煙往事，我們要遵循先人智慧，要瞭解過往、要學習放下，並珍惜現在尚有的psoseongana（阿里山），具格局探索及面對未來。

五、筆者於2018年3月第五次原轉會會議中提案，並另作口頭說明「原住民族傳統知識體系」之建構，蔡總統積極回應，並現場交辦教育部主辦。深感因族語及文化之授與受，初學者甚難以快速習得內化而必將隨之消逝，故經家族同意及全力支持，隨卽同小犬由原本著力一般族語文學創作及族語教學，調整爲針對族人極少用到或幾近消失，鄒族傳統族語文化及親身經歷探索資料之彙整，並採回憶錄方式撰述。故《智慧之毛》各集之編造，皆融滲深厚族語文化並用盡心思規劃製編。如第一集之《鄒族文化》、第二集之《鄒族隱喻》，在本集《探路》，將目前尙未列入《鄒語詞典》之鄒語「附註詞彙」300詞、測量之歌及高山測量期間豐富多樣山林生活實務經驗等融入書中，祈各族群之「部落組織」可響應及併同關注、珍惜自屬曾經擁有絢麗羽毛之自我探索。含本書《智慧之毛》共三集，對教育部及原民會刻正積極推行「原住民傳統知識體系」之建構及族群復振應具積極正向助益。

各篇摘要概述

第一篇　台灣橫貫公路概述

　　臺灣早年已完成之三大橫貫公路（北部橫貫公路、中部橫貫公路、南部橫貫公路）及後期規劃新建之三條橫貫公路（新北部橫貫公路、新中部橫貫公路及新南部橫貫公路）概述，俾讓讀者朋友們能瞭解，台灣經濟起步致力發展之國家十大建設外，曾展開的12項建設中重大的公路交通建設，再聚焦新中部橫貫公路之高山測量工作之生活記述。

第二篇　八通關古道越嶺

　　花蓮縣政府及玉山國家公園管理處的宏觀視野與格局，致力復振布農文化，及卓溪登山協會排除萬難極用心執行本次八通關越嶺古道（九天八夜）活動，參與活動成員為各具不同專業及使命，為彼此陌生新夥伴，可謂台灣多元族群融合的最佳寫照，為同欲相助有意深度探索台灣生態核心區讀者朋友參酌。

第三篇　東段測量之生活點滴

　　東部測量（玉里至大分）作最大優勢在現有八通關古道為行動主軸，又幸沿途有日本廢棄駐在所遺址（平緩地）可紮營，如山風、佳心、黃麻、瓦拉米、山麓、抱崖、山陰及大分營地等，依地形之複雜度作營距之調配。翻山越嶺測量工作雖為辛苦，實也樂趣無窮，惟位居中海拔之闊葉林區內，屬野生動物王國，為台灣黑熊、野豬等大型動物主要棲息地，耆老之堅持，是人類入侵動物新樂園，極不願彼此受驚擾或傷害。本就熟悉山林的伙伴們更須彼此高度信任與相互依賴，測量工作及探索先人的足跡，足堪甚為怡情悅性之山林活動。

第四篇　新中橫公路西段生活點滴

新中橫公路西段為「塔塔加至八通關」，係接續自忠原已測量線道，經目前玉管處塔塔加遊客管理服務中心前隘口橫切朝東—玉山前峰—西峰—北北峰下沿，多為無人走過的獸徑，屬背陽面故常陰雨霧濃濕滑異常、坡陡壁峭、落石頻繁，地勢艱險，雪地測量更是危機四伏，而最大疑慮實來自大自然無可預測之危機源，唯有山羊路徑常是最安全的道路。

第五篇　鄒族傳統領域之概念

原住民對土地之概念、鄒族傳統領域及獵場、早年鄒族口傳歷史相關片斷記述、公部門資料可查之明鄭時期歷史、日治前後鄒族與布農族間之領域變遷及鄒族與布農族相近之處等作分項概述。忠實客觀的撰寫台灣或原住民族歷史，是對台灣的尊重、對歷史的包容及對人類子孫負責任之展現，併作概述分享，期使台灣各族群有興趣讀者朋友鼓腹而遊另作探賾索隱。

第六篇　鄒語附註詞彙

鄒語「附註詞彙」300詞，係各篇文章內容相關鄒族較不常使用、近遺忘或重要文化用詞，且目前尚未列入「鄒語詞典」詞彙之拋磚引玉，期對政府刻正執行傳統知識體系之建構及鄒語之研究應具助益與動能。行政府部門在族語復振工作上所訂之相關政策及努力所付出毋庸置疑，但25餘年來的族語復振多為「由上而下」及正規教育體制內之推動，並非標的族群自發性所採取的行為，族群之自我認同及自主性的復振行動才是族語復振的最大動力。尤其原住民族群之族語及文化是公部門無法深入及觸及的領域，故原住民族委員會應先建制各族群茁壯之部落組織，再由其執行原住民傳統知識體系及族語文化復振工程始可竣功。

第七篇　鄒語標點符號運用及轉譯技巧之實務（漢、鄒對譯小故事）

　　原住民族語言標點符號之設置，原住民族委員會及教育部歸納8個常用的標點符號，鄒族增列" "（引號）一個符號，共計九個符號。另作鄒語「特殊」符號及鄒語音韻特性之概述。爲更易深入，謹採以鄒族耳熟能詳之精典傳說故事「長毛公公」作爲樣題，在不悖離故事原意之大前題下，將故事內涵稍作細部微調，以符合族語翻譯及符號之實務運用。另增列中文文章「湯姆歷險記及愛麗絲夢遊仙境」譯成鄒語；鄒族短篇「油桐、涉水過河、傳奇的長者及祖母的煙斗」譯成中文，亦可使讀者朋友對鄒族文化及生活情感更易理解。

第八篇　測量之歌

　　原住民皆係崇尚大自然曠性怡情的山林子民，傳統於原住民部落除三餐溫飽並無過多奢望，脫離文明生活回歸山林大地的鄒族伙伴，自是有如脫韁的野馬盡情奔馳著，因山區閒暇或夜間相聚，非故事分享卽歡樂歌唱；各耆老會重複著各自不同文化故事，尤其能深入傳說故事中先人足跡kakatuana（大分）等地，對晚輩們著實寶貴的文化滋養；而歌唱是日常生活中屬託物寓感無可或缺的精神食糧。鄒族部落有甚多傳統族語歌曲及經典的日語歌曲，測量期間不斷重複吟唱，溫長老的一句：我們應該也有我們測量的歌。莊長老便以部落人人熟悉之日語歌曲：〈裸念仏ぁ岩の上〉（台語：水車姑娘）爲譜隨興哼唱，伙伴們再合編製成鄒語的測量之歌，爲作文化及族語教學，筆者便擴大能量而逐步以厚實之文化及族語爲內涵增編完成。

目錄

第一篇　臺灣橫貫公路

為使讀者朋友能更清楚瞭解，臺灣三大橫貫公路、新建三條橫貫公路，及新中橫公路，測量概念示意圖、三線示意圖、變更示意圖等，皆節錄自網路「維基百科，自由的百科全書」作整理。

臺灣三大橫貫公路及新建三條橫貫公路概述如下

臺灣三大橫貫公路概述

1、北部橫貫公路：桃園－宜蘭（北起桃園市大溪區－宜蘭縣壯圍鄉公館），編屬省道臺7線，全長131.288公里，於1963年5月開工，1966年5月28日通車，海拔1170公尺的「四稜」是北橫公路全段最高點，此後跨越桃園與宜蘭縣界，明池國家森林遊樂園區則是僅次於四稜的次高點。

2、中部橫貫公路：臺中－花蓮（臺中市東勢區－至花蓮縣秀林鄉），編屬省道臺8線，全長190.830公里，於1956年7月7日開工，1960年5月9日通車，為臺灣第一條串聯東部與西部的公路系統。霧社支線（自霧社－合歡埡口）又稱霧社供應線，長41.719公里，其中3275公尺的「武嶺」為全線海拔最高點，亦為臺灣全省最高海拔之公路路段。

3、南部橫貫公路：臺南－臺東（臺南市湯德章紀念公園中山路段－臺東縣關山鎮德高陸橋附近）編屬省道臺20線，全長209.446公里，於1968年7月動工，1972年10月31日通車，海拔2722公尺的「大關山隧道口」為最高點。

「新建三條」橫貫公路概述

　　十二項建設指的是臺灣在第七期經建計畫期間，除十大建設外展開的十二項重大建設，建設期間涵蓋1980年至1985年。十大建設與十二項建設都是以基本建設爲主，但十大建設較重視重工業的發展，十二項建設則加入農業、文化、區域發展等方面的計畫。

　　新建東西橫貫公路三條，分別爲：

1、新北部橫貫公路：又稱「烏來宜蘭線」，由臺北烏來（今新北市烏來區）起，經孝義，越過阿玉山，經福山、雙連埤，終迄宜蘭外員山。昔爲臺9甲線，今已解編。

2、新中部橫貫公路：以嘉義玉山線、玉里玉山線爲主線橫貫，故亦稱「嘉義玉里線」，並與水里玉山線交會於玉山下，後變更成東埔山埡口（今塔塔加）交會。其主線昔爲臺18線，東段之玉里玉山線已改編爲臺30線，另一支線水里玉山線卽臺21線一部分。

3、新南部橫貫公路：又稱「三地門知本線」或「屏東知本線」，由屏東三地門起，經霧臺、阿禮，越過知本主山，終迄臺東知本。昔爲臺22線，今改編臺24線。

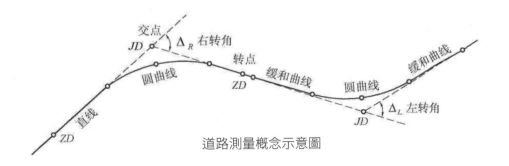

道路測量概念示意圖

中樁測設
從道路的起點開始，沿中線設置整樁和加樁，這項工作稱爲中樁測設。
原文網址：https://kknews.cc/news/6pamlb3.html

聚焦「新中部橫貫公路」測量部分概述

新中橫公路原計畫路線

1970年代，正值十大建設的實行之際，中華民國政府計畫新闢三條橫貫公路，並列為十二項建設計畫之一。

新中橫公路原規劃以玉山為中心，分出：嘉義—玉山、水里—玉山、玉里—玉山，由此三線構成Y字狀路網，自三線交會點開始，先通過塔塔加鞍部、沙里溪頭，經玉山之路段，乃配合地形折繞，之後抵達全線最高點，海拔2800公尺之八通關。轉向東南，沿荖濃溪而行，在尖山一帶計畫興建隧道穿過中央山脈，通過中央山脈後，路線大致沿拉庫拉庫溪而行，其中部分路線大致沿八通關古道興建，最後至終點玉里與臺9線銜接，原計畫三線為嘉義玉山線、水里玉山線、玉里玉山線（如下圖）。簡述如下。

1、嘉義玉山線：西起於嘉義後庄，東迄於東埔山埡口，全長90.2公里。

2、水里玉山線：北起於水里頂崁，南迄於東埔山埡口，全長71公里。

3、玉里玉山線：西起於東埔山埡口，東迄於花蓮玉里，全長為122公里。

在省道系統中，原初的嘉義玉山線、玉里玉山線是編入台18線；水里玉山線是編入台21線。而台18線屬橫向公路之編號，台21線是縱貫公路之編號，台18線銜接屬縱貫公路之編號之台21線，架構成橫貫公路係少有之道路建置。

玉山三線示意圖

路線變更

　　1980年代，已開工之新中橫公路，因生態保育的意識逐漸抬頭，形成公路開發與生態保育二案競合，後來民間人士與專家學者憂感於公路的闢建，導致高山豐富生態環境受到破壞，及經政府核准設立玉山國家公園，使玉里玉山線為配合玉山國家公園，變更原計畫路線——將山風經八通關至塔塔加鞍部之路線變更（如下圖），改道經南玉山埡口至塔塔加鞍部，南玉山埡口至大分之路段則是新闢路線之路段，該路段是計畫沿用楠梓仙溪林道進行改善，行經安東昆山，跨越荖濃溪，穿過中央山脈。由於玉里玉山線的計畫路線變更前與變更後皆會通過玉山國家公園，內政部營建署曾建議其路線沿楠梓仙溪林道，向南與南橫公路銜接，後來臺灣省公路局認為路線冗長且迂迴，最後經環境影響評估報告的審查，由行政院宣布將玉里玉山線依現狀予以停止辦理，使當時已完成14.6公里之東部路段，於1991年1月1日通車並核予停止續建，新橫貫公路正式胎死腹中。

第一篇　臺灣橫貫公路

25

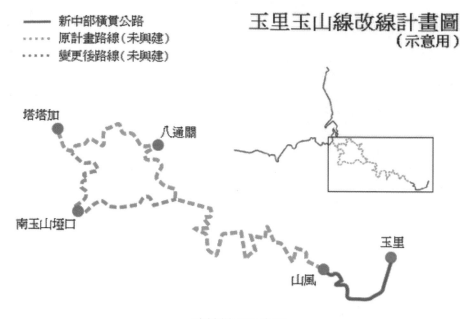

圖例：
—— 新中部橫貫公路
····· 原計畫路線（未興建）
····· 變更後路線（未興建）

玉里玉山線改線計畫圖
（示意用）

塔塔加　八通關
南玉山埡口
玉里
山風

路線變更示意圖

　　爲配合玉山國家公園的設立，如圖所示路線，擬議將玉里玉山線2K—78K改線，不通過八通關路線繞經南玉山埡口。

目前新中橫公路完工部分

　　西段：僅爲南投水里爲起點（臺21共線）經神木村，及嘉義太保爲起點（臺18線）經阿里山，二條於公路最高點海拔2610公尺塔塔加銜接，現稱「新中橫公路」（如下圖）。

　　東段：僅爲玉里至山風吊橋（現八通關古道東部登山口），公路總局將臺18線玉里至山風之（14.6公里）路段納入臺30線，故東部無新中橫公路之名實。

　　筆者以爲，自塔塔加經八通關、大分至山風段，實際並未興建開通，故「新中橫公路」名實不符，是臺灣唯一沒有開通的「橫貫」公路。一條沒有成功開通的橫貫公路，卽不具「新中橫公路」之實，更未具傳統文化或歷史背景爲命名之牽絆，應依實作調整，並預留未來眞正新中橫公路之公路名稱。

新中部橫貫公路路線現狀圖

頂崁

和社

阿里山

後庄

塔塔加

玉里

瓦拉米步道口

完工部分示意圖

新中橫公路「東段」測量概述

　　東部測量最大優勢在現有八通關古道爲行動主軸，惟山區屬管制區及當時登山休閒活動尚未風行，故古道甚少人通行而疏於整理，人行吊橋年久失修，木板腐朽甚至無板可踩，數座橋面歪斜有如天梯，若不搏命借道則需下切河谷耗時費力。測量線道必依序緩升推進，常是目測近在咫尺，卻是山紋褶皺堆疊深凹艱險，俗稱美麗的惡魔，所幸沿途有日本廢棄駐在所遺址平緩（但非不得已，不會選擇該遺址紮營），如山風、佳心、黃麻、瓦拉米、山麓、抱崖、多美麗、山陰及大分營地等，並依地形之複雜度作營距之調配。

　　翻山越嶺測量工作雖爲辛苦，實也樂趣無窮，惟最擔心者莫過於工程人員之安危，尤其位居中海拔之闊葉林區內，屬野生動物王國，爲臺灣黑熊、野豬等大型動物主要棲息地，擔任測量工作協助放坡及專責先遣找尋營位、水源時，時有巧遇，乃爲最大憂慮（多屬較遠距離之相互偷窺），無時無刻銘記着老訓誡：「你是獵人，同時你也是獵物。」當無預警撞見，近距離四目對

27

望直接反應是——先聲奪人之嘶孔威嚇或兩者相互驚嚇，兩者皆反向逃離之逗趣畫面。雖持有特許之自衛槍，但耆老之堅持，是人類入侵動物新樂園，極不願彼此受驚擾或傷害。本就熟悉山林的伙伴們，一天之重心實常多設定在有趣之夜間活動；而工程人員多居住都會區，山林夜間活動有其難度，甚或有過度勞累或水土不服，除借酒澆愁外，部分喜歡夜夜方城論戰。

新中橫公路「西段」測量概述

西段的臺21線（南投水里至塔塔加）及臺18線（嘉義太保至塔塔加），二線於公路最高點海拔2610公尺之塔塔加銜接，現稱之為「新中橫公路」，又原定之嘉義玉山線正是嘉義通往阿里山方向之道路，故統稱為「阿里山公路」。

西段為高海拔山區之測量，仰頭為北北峰，往下斷崖遠眺為東埔河谷區，休閒無處可去，又濕冷無比，故多為烤火、烤肉及說故事，唯有近斷糧長老始允作臨近夜間狩獵活動。

西部測量，為「塔塔加至八通關」，由玉山前峰、北北峰下沿，多為無人走過的針葉林區，地勢艱險常以獸徑為主要通道；因屬背陽面陰氣特重，又常陰雨霧濃濕滑異常；陡坡岩壁落石頻繁，每逢落石，則必須如同阿兵哥能分辨當砲擊時，砲彈是飛近或高空掠過、雪地測量危機四伏、遇巨木需重測、石洞先人獵具、等，最大疑慮及威脅，實來自大自然無可預測之危機源，筆者嘗試粗具梗概分享讀者朋友！

第二篇　重返八通關越嶺古道

越嶺及活動概述

　　為探索鄒族傳說中的mohKuv'o ci c'oeha（流錯方向的河流）、四十年前新中橫公路測量地區、日治時期廢棄駐在所遺址、駐在所遺址鄰近殘留山葵等，老來重返八通關越嶺古道，行程紀趣概述分享。

　　400年前臺灣山區皆屬臺灣原住民各族群之活動範圍，清、日外來政權為統治少數民族及特殊目的，先後建制二條「八通關越嶺古道」。清政府為鞏固其對東部地區的統治，1875年由當時的總兵吳光亮帶領修築橫越中央山脈，簡稱「清古道」，全長約152公里的八通關越嶺古道，西起林圯埔（今南投竹山），經鳳凰山、東埔、八通關，越秀姑巒山到花蓮璞石閣（玉里）；日治時期，日本政府為了施行理蕃政策及覬覦豐富之山林資源，闢建與清古道迥異之八通關越嶺古道，簡稱「日古道」，道路全線於1921年1月完工。東、西二段以大水窟為分界點，西段自楠仔腳萬（今信義鄉久美村）起至大水窟，長約42公里，東段自玉里至大水窟，長82公里，合計124公里。

　　目前國內所稱八通關越嶺古道，多係依循日古道而行之「八通關越嶺步道」。即從南投縣信義鄉東埔一鄰開始，經陳有蘭溪左岸的父子斷崖、雲龍瀑布、八通關草原、大水窟越過中央山脈、托馬斯、大分、瓦拉米，東端步道出口為花蓮卓溪鄉南安（臺30線之終點）。八通關古道全段屬於玉山國家公園的管轄範圍內，1987年內政部正式將清代八通關古道列為國家一級古蹟，種類別為「遺址」。

　　八通關古道一般係由登山口海拔較高及爬坡較短之西端為起點，俗稱順走（反之為逆走）。「順走」為西起南投東埔一鄰為

登山口（海拔1000公尺），東至花蓮至玉里南安登山口（海拔535公尺），全長約百餘公里。越嶺古道中沿途可見日治吊橋、紀念碑、原住民部落遺址、日警駐在所遺址及支線之華巴諾砲陣地遺構等，是一條集人文、古蹟、歷史文化及生態教育（闊葉林、針葉林及寒原帶）極具潛力之大自然學堂，堪稱國家級之越嶺古道。

2017年花蓮縣政府獲文化部核定補助，辦理「再造歷史現場專案計畫—拉庫拉庫溪流域布農族舊社溯源與重塑計畫」。在部落族人的全力支持下，以重返舊社調查、重建傳統布農屋及人才培育為核心主軸。2018作布農族佳心舊部落石板家屋之重建。2019年作華巴諾駐在所（砲陣地）測繪計畫、2020年起執行作多美麗駐在所駁坎整理（參與本次越嶺成員中，有數位皆參與刻正執行專案計畫復建工程）。筆者因緣際會，非常幸運能參與2020年9月5日至13日，9天8夜參與花蓮卓溪登山協會高山協作員古道越嶺實地教育訓練。

領隊Tama-Luku沉穩內斂不多話，卻是精確果斷的領導、包爺的深厚文化底蘊並不藏私地承傳與精闢解說，及二位隨團協作員雖重裝皆分配責任區滲入隊伍中，協助關注安全及穩定隊伍。在尚未完全開發修整之古道中，協作員及領隊皆沿途砍草、鋸木、挖路、帶領繞道及臨時擇定安全之夜宿點，尤其多處異常危險路段，必先行通過御重裝後，回頭貼心地協助隊員通過，對於較弱成員更會協助背負大背包，並前、後保護安全通過。最常聽到的是「柺杖先給我、手握住繩子、先移左腳再踏出右腳、風大不要往下看、別怕我在你身邊」等等，甚是貼心及穩定人心的話語。明知是被呵護著，但當下心境乃是緊張又害怕，「最擔心的是雙腳會有不由自主無力的不聽使喚」協作員是這麼說的。尤其長距離或較險峻山路，整裝時常會聽到：「個人物品若太重，可釋出由我們來背，因食材已少掉很多，太輕我們反而不習慣，不要不好意思哦！」回想起依然感動，協作兼大廚二位暖男著實令人感覺溫暖窩心！領隊Tama-Luku再三強調「我們是一個生命共

同體」大家皆心知肚明，因任何一個閃失，皆可能影響或中止旅程活動，無數個險象環生、疲憊的席地而躺，有汗、有血、有隊員相互扶持打氣與鼓勵。終在大彎觀景處訊號可通路段，大夥終於按奈不住長時間心理壓力，總有不由自主熱淚盈眶拿起手機向家人報平安，而遠端習慣及親切的一句回應「你還在哦！」謝謝牽手讀懂我。

本次參與活動成員

　　本次活動成員是彼此陌生，為各具不同專業及使命的新夥伴，可謂臺灣多元族群融合的最佳寫照，但對山林皆具戒慎恐懼之尊重，為親密陌生人生命共同體之磨合與試煉，在Panai縝密行程策劃安排與領隊、導覽、二位協作員無微不至的照護下，使我們用團體力量達成個人能力所無法達成的任務，隨團16人族群分別為：

　　布農族：10人（多屬卓溪鄉登協會成員幹部及布農族歷史文
　　　　　　化工作者）。

　　漢族：7人（三位博士及研究工作人員）。

　　阿美族：2人（阿美族歷史及文化工作者）。

　　鄒族：1人（鄒族文史工作者）。

　　共計20人（實際隨團16人，含後勤中心坐鎮指揮人2人及大分後勤補給2人）。同為山林保育、歷史文化、古道及登山迷等大自然的愛好者及守護者，彼此就各自專業領域作不同的觀察及研究，「2020年八通關古道越嶺」圓滿成功！偕同紀錄繪譜銘感成員如下（因個資皆採匿稱）：

　　1、Tama-Luku：布農族。領隊，寡言專業、果斷明確，為炸
　　　　炸之叔叔。帶領團隊快樂開心共同譜出完美及永恆的回
　　　　憶。

　　2、包爺：布農族。原住民耆老長者，擔任本次活動歷史與文
　　　　化之解說。推崇包爺對歷史文化的造詣、不藏私的智慧
　　　　風範及淡定優雅內斂性格，足堪為族寶實不為過！腳疾

一跛一跛9天8夜專責壓後，數度艱險濕滑路段常刻意等候觀察，原住民耆老長者，謹慎度高，安心無慮。

3、炸炸：布農族。此行擔任協作（背工及炊事），飄逸瀟灑、風趣幽默的開心果，其言：「生平第一次與鄒族人接觸，期望聽到不同族群對歷史故事之說法。」

4、成成：布農族。此行擔任協作（背工及炊事），領有證照級大廚，沉默寡言謙謙君子，但酒後判若二人，風趣橫生妙語連珠。

5、Panai：阿美族。為主辦人兼實際活動行程中之褓姆，心思細密、德藝雙馨，為瑜珈老師及玉里達娜工作室負責人。每日早晚皆指導隊員拉筋等簡易瑜珈，故全程活動無人抽筋或體力不支。

6、Tama-Ciang：布農族（郡社群）。父親曾參加公路局新中橫路線探勘隊。深厚之族語文化素養，承負著全隊的安全維護，風趣幽默的Tama-Ciang此行為生平首度尋根大分，特別關注到其與阿公交會的心靈悸動，淚濕滿盈久久難以平復。

7、威哥：漢族。本次活動之主辦團隊之一，正直性格並極具宏觀格局，戮力協助復振布農歷史文化，保存最完美遺構之多美麗駐在所重建工程，其可如數家珍作原始駐在所場景及復振工程規劃之解說。

8、小蕙：漢族。為紀錄片創作者，更是創意文化展演者及講師，才華橫溢卻是虛懷若谷，為威哥之牽手。

9、丁丁：漢族。森林專家，沿途作觀察及紀錄，手長腳長速度飛快，前三天長爬坡大夥氣喘噓噓，丁丁同學竟著拖鞋同行。東埔登山口致贈每人一條布農登山頭巾，使大夥免受風寒。

10、小賴：漢族。專精氣象之研究，每年都給自己一個突破與挑戰，一表人才、明眸皓齒，為本次行程天候之福星。

11、強哥：漢族。雄姿英發、學富五車，為國內、外之登山達人，沿途作山林及環境保育實務經驗之分享獲益良多，有您真好！

12、Julie：漢族。麗質天生風姿綽約，為旅遊走讀達人及講師，更有規劃性作原住民各部落深度探索，比原住民還懂的原住民族大小事，所以叫她「酋長」。

13、Atomo：阿美族。才思敏捷、聰明伶俐，尤其阿美族族語及文化造詣深厚且堅持執著，其母親多元包容襟懷磊落，非原住民卻成部落原住民之褓姆。

14、之之：漢族。主修原住民健康管理，磯崎部落文健站曾為田調根據地，溫文儒雅、蕙質蘭心的臺北都會區小女生，未來必然是臺灣原住民族群健康管理政策之捍衛者。

15、Abus：布農族。影片製作，勤奮好學、秀外慧中，欣賞其對自我之定位及理想之執著。

16、那那及魏魏：由卓溪至大分後勤補給協作員，為身強力壯、神采飛揚的二位布農族勇士。

17、沙力浪：布農族。為活動行程規劃協助及指導，原住民文學家及文史工作者，文質彬彬、風流倜儻，致力於布農文化復振工作。

18、阿弄：布農族。為活動之總指揮，運籌帷幄、策劃細膩，全程遙控及掌握活動行程、後勤等工作。

19、Voyu（筆者）：鄒族。鄒族文史工作，曾參加新中橫公路測量。

本次實際行程

本次古道越嶺實際行程表概述（2020.09.05—2020.09.13）。

前一天（9/5日）：啟程日，臺中火車站集合→林試所專車→源頭民宿接駁（宿）。

第一天（14.3K）：東埔→樂樂山屋（高繞）→對關→觀高工作站（宿）。

第二天（11.8K）：觀高山屋→（高繞）八通關→巴奈伊克→中央金礦山屋（宿）。

第三天（9.1K）：中央金礦山屋→杜鵑營地→南營地→大水窟山屋（宿）。

第四天（9.3K）：大水窟山屋→米亞桑→馬沙布→沙沙比→托瑪斯營地（露宿）。

第五天（12.7K）：托瑪斯→意西拉→塔達芬→土葛（下繞）→大分山屋（宿）。

第六天（12.7K）：大分山屋→多美麗→石洞→8號停機坪（露宿）。

第七天（15.8K）：停機坪→新岡→抱崖→十里→山陰→美拖利→瓦拉米山屋（宿）。

第八天（13.4K）：瓦拉米山屋→黃麻→佳心→山風登山口→南安管理中心。

　　9月13日卓溪布農族廚師嗡嗡家慶功宴；9月21日Atomo家餐廳綜合檢討及分享心得。

　　分享行程，可作未來有意探索或體驗「八通關古道越嶺」之讀者朋友參考，因此行程是深入臺灣生態核心區，山林多無通訊或訊號不良，後勤補給或救援皆具高難度，除完整規劃、體能之訓練、對山林之認識外，可參考中華民國山岳協會臺灣百岳俱樂部製作「日據八通關古道健行路線里程表」，另活動規劃當時必須做足功課，玉山國家公園管理處之最新古道路況尤應併作關注，謹記！務請「團進團出」。

　　若體驗獨行，不適合人煙稀少之原始森林深處。就筆者經驗，深山災難，多源自於突發性臨時反應的「結果」。對原始森林自然生態及對動物習性之熟悉度，或對自然現象不甚理解，更有因山林故事看多聽多，自我陷入虛幻情境而致生內心恐慌，鄒族耆老所言，於山中，莫名驚惶失措而「奔跑逃離」爲屬大忌，

因心中恐懼趨使之狂奔，甚難回復靜心止步。心臟衰竭、跌落山谷或摔傷時，呼天喊地無人援救而造成不幸結果，故「團進團出」為屬最安全之選擇。

越嶺行程記趣

1、本行程之西部路段，參與成員中並無人比吾熟悉，但仍戰戰兢兢勤作筆記學習，傾聽布農族長者對山林及歷史文化之解說分享。協作員炸炸所言：「從未與鄒族人接觸，今天是第一次，可以聽聽不同的文化解說。」於觀高山屋時Abus及Atomo要我作本區的概述，經包爺點頭示意，吾便用Atomo之筆記本，隨即作以玉山為主軸之中央山脈以西山川簡圖並作說明，「中央山脈以東」同樣可快速繪出，然本團係以布農族為主，「中央山脈以東」同樣可快速繪出，然本團係以布農族為主，「中央山脈以東」現今屬布農族群領域，為族群之尊重，深知再瞭解亦不得逾越謹守分寸，皆以初始入山誠心學習之心態，凡事皆謹慎請示，就連集合拍照留念、是否上華巴諾（炮陣地遺蹟）等，都事先私下請示領隊或包爺。

2、筆者對越嶺長途健行旅程，所備各類裝備物資皆稱斤論兩精減到16公斤以內，就連睡袋也由1500公克更換為700公克，豪賭行程中最高點（海拔3227公尺）屬寒原帶之大水窟山屋天候，甚幸！老天有眼，Atomo還說：「我熱得半夜脫褲子睡覺。」而解除筆者因負重偷懶而咎由自取的心理壓力。個人登山慣例背負物品，常預留5公斤作為公物或必要臨時協助之背負空間。

3、連數日之長途跋涉而更為謹慎，尤其成員中有新手、漢族學者、未曾走過本古道及經歷過長途跋涉之成員，吾從Julie、Abus、小蕙及Atomo起逐一跟隨著，以瞭解其行進步伐及調氣方式，越過托馬斯駐在所後，跟Panai表

示：「妳陪她們，我到前面照應對山林較無實務經驗的之之。」通過抱崖山屋後古道平緩，之之安全無慮，因吾相機及手機電量耗盡，則找小賴同行，並請協助重點拍照曾經「測量」尚能回憶之處。小蕙長時間一直緊跟著走，忍不住問她為何不跟老公走，其回：「我喜歡跟著你的腳步穩健緩慢。」的確！持續緩慢腳步，是長途跋涉最安全及最佳的步行方式（尤其是重裝）。

4、水鹿對山林之危害（樹皮環剝成枯木），四十年前多僅觀高以上地區，現已出現在雲龍瀑布古道上。全程古道沿途聞到動物屍臭味近三十餘處，路見骨骸近十餘處，動物泛濫林木成災，野生動物應併山川、森林管理，有「管理」機制始談得上保育。

5、清古道及日古道交會分屬不同線路古道，但在中途有三次交會點，即八通關大草原、資訊交換所及大水窟區。又「大水窟」不但是清、日古道最高點（3200公尺）之交會點，設有清、日營盤遺構，位處中央山脈（臺灣屋脊）之大水窟，同為臺灣東西向水系流域之分水嶺，為古道越嶺及中央山脈大縱走之交通樞紐。

6、觀高山屋用餐後，應包爺之盛請，大夥以小酒敬神及暖身，因走14多公里之上坡大多體力透支，多因疲憊不勝酒力獨留包爺一人獨飲及獨白，便坐陪閒聊，包爺顯已不勝酒力酩醉不知所云！隔日包爺顯然不如何返回隔棟床位。

7、八通關大草原，為中央山脈及玉山山脈唯一銜接處，為由東埔進入玉山之門戶。因陳友蘭溪及荖濃溪之源頭逐年不斷向源侵蝕，而產生河川襲奪現象。換言之，千百年八通關大草原崩解後，未來就可以從南投東埔一鄰往上溯陳友蘭溪tufngi（夜間刺魚），通過八通關區後，再往下溯荖濃溪經Masuhalu（梅山村）到高雄嶺口，再轉北溯楠梓仙溪（Yamasiana）回阿里山（Psoseongana）。

8、因前一天長途跋涉近12公里，Atomo一到中央金礦營地，旋卽下水至河流，在應不到攝氏5度的河流（荖濃溪源頭）玩水及清洗妝扮而致生後續效應。過米亞桑不久卽頭痛、嘔吐，由Panai等女隊友們相伴，Abus爲她指壓按摩，中途休息見其仍未完全恢復，吾瞭解該路段已入闊葉林區較無險峻路段，便將之之調在前面，Atomo按在吾身後，喜歡緊跟在我後面的小蕙退一位，開始計畫性的談天說地近一小時，Atomo開始簡單回應，便不斷探索其所偏好，觸及其熱愛之部落事務及母親則由她來說故事，Atomo越聊是越起勁，顯然已大致恢復，只是不斷回頭觀察她的情況而累了我的脖子。到達馬沙布駐在所，小蕙理解我是在轉移Atomo的注意力，便道：「好像已經恢復正常。」當全隊休息時，Atomo跟隨著到廢棄駐在所拍照，刻意觀察她確實毋需再留恢復室而使其歸位Panai身邊。閒聊中瞭解Atomo是非常有主見之小女孩，思緒靈活跳躍及直爽個性，此行程正爲Atomo畢業之最佳自我賀禮，談論族群語言及文化充滿使命感，其具超越同年齡十年以上經驗及實力，日後她必將是同一代海岸阿美族語文化復振之佼佼者。

9、塔芬尖爲新中橫公路越過中央山脈隧道預定點，不論原定由玉山東北側路線或修定由玉山西南側路線，皆由中央山脈臨近塔芬尖地區爲交會點，繞過玉山群峰後，另一交會點爲塔塔加，是一高度艱困及複雜之高山道路工程，當初若眞開發該線道，將會是天災人禍、國土災難的開端，因當年山區公路開發，國土及生態保育觀念皆尚付諸闕如！就如Julie所述：「所幸40幾年前新中橫公路的未開通，要不然現在瓦拉米就不是蕨之路而是礦區，大分就不是黑熊的故鄉而是遊憩區；八通關草原就不是自然生態及人文資產的保留區，而是像合歡山的停車場；沿途所有清領及日治時期的古道、營盤址或駐在

所等遺構史蹟，也必全數摧毀，我們更就無法透過雙腳走讀臺灣核心群峰之自然景觀與人文歷史，停建該路段實為當時政府宏觀視野及正確之決策。」

國內外登山達人強哥言：「塔塔加以往是登山者才能到訪的，現在是一般遊客輕鬆可達，看玉山容易多了。以往大家亂丟垃圾，現在『無痕山林』觀念也漸接受，每次去印度就有深刻的感覺。另建設的方式會進步，如果重新評估中橫、新中橫、北橫、南橫，興建的方式、路線或許會不一樣，臺灣的地質、破碎地形、颱風、地震天災考量，都要被重視，我一直在走訪世界遺產，文化遺址的保留（保護），甚至歷史闡述應可相容，積極的推動是很重要的，我也不認同不當的開發，如中國的張家界就被警告要被撤銷。」

10、在前一週土葛大崩壁下繞路段發生山難事件，對工作人員是一種沉重壓力（領隊前一週才參與本區山難之救援工作），因不能對成員明說，行至該處，領隊Tama-Luku凝重嚴肅的眼神囑我停駐，交代提醒通過時要身體微抑緊抱樹幹，吾便加強盯著每一位伙伴並大聲喊著「抱緊樹」。當看往側下深谷散落物，心想，原來是這裡，唯有默默祝禱，但還是忍不住轉頭看著領隊，其瞭解吾意微微點頭示意，甚能理解三位長者所默默承受卻不能說出的心理壓力。Tama-ciang事後表示：「因為隔日要過土葛大崩壁到大分，我跟Tama-Luku及包爺一直在擔心，千萬不可提及上週9月2日發生的男大生事件或相關話題，避免對團員產生心理上的影響。那晚，只好說一些輕鬆笑話轉移大家的注意力，也為了古老禁忌，不在祖先的地方，給自己邀功或慶賀，所以，自己生日一直不敢提起，感謝祖靈讓我們平安渡過最艱難的路段！」

11、協作員之心酸，本次參與工作人員中領隊Tama-Luku是炸炸之叔叔，數日言談中，逐能瞭解協作員之心酸（協

作員若一天能能賺得4000元工資，先買2000元筋骨保養品，再買1000元裝備、設備，再買500元檳榔、香煙、暖身飲料，剩下的才給老婆家庭所需……），因疫情而逐為國人所發現與體會臺灣高山之美，而政府開放山林政策，登山客倍增大小意外頻繁，顯然係政府對該政策實際執行層面有甚大落差，並未跟上實際之需求。應可研議朝向「專業化及制度化」，成一特殊之「職業」別，以維護協作人員基本生活、確保登山客安全及登山旅遊品質。

12、於托馬斯紮營地同在大水窟一樣受山神的眷顧，全員抵達營地並搭建營帳完成後始開始頃盆雨，因大夥走累紛紛抬腳為片刻休息，隨後延續昨日的功課，輪由男生做瑜珈，Panai老師以最簡淺之動作舒緩今日之辛勞，但幾個動作遠比走一天的路還痠痛，更還擔心隔天14公里路程是否會因而破功；前一晚於大水窟山屋的女生瑜珈，因山屋空間極為有限，大廚在床邊緣料理烹飪，女生在內側排排拉筋哀嚎及嬉笑，吾由側邊觀之，二位大廚一左一右站立緊臨著，不時窺視模仿掩口而笑，但更似全力保護著菜鍋之逗趣畫面。

13、大分傳統部落是最佳舒壓環境，因所見現象都是單純實在，人際間自然和諧毋需費心相互猜疑。換言之，在部落你可以相信你的眼睛所見，但都會區就連紅綠燈、斑馬線都要先懷疑。懷念大分丁丁同學跟Atomo濛濛細雨中，有如古裝劇中已是濕透衣服的師兄妹，一高一矮合力抬一根吾鋸斷之粗大乾松木頭，呈現眼前的是唯美感人的背影動人真情畫面，儼然就是Tama-Ciang古大社家族人團結協力的縮影。

吾參與本團行程，即以華巴諾為主要目的之一（心想半夜同領隊輕裝前往），而全隊是否前往意見分歧，當晚屋內、屋外討論及不時作激烈論辯，吾不作任何意見表

示，便赴烤火區找包爺討論以尊重其想法，再回屋前時仍未有共識，直當Atomo表明身體不適，吾便隨即表態說明，來此目的即為上華巴諾，但我們連續走了數天體力已透支，且上華巴諾要上700公尺、下700公尺的趕路，然後再重裝上800公尺、下300公尺的高繞濕滑路面，腳力必將無法負荷，日後我們可請Panai安排專程大分及華巴諾輕鬆行（大分住二個晚上），且我們團隊還是以整體為主「團進團出」一起行動為宜。此時屋內一致決議以大分為主，免上華巴諾陡上急下的走馬看花，屋外也就不再堅持，而充分時間放在大分古部落，因時間不足亦未能前往另一期待地點——大分最上層kakatu（布農語—平緩地）。最後吾並強調說明，改變表定活動行程，要說是我們全體一致的決定，可免帶給領隊及主辦單位帶來不必要之困擾。

數日相處中，大夥並未作刻意工作分配，但都非常主動各忙各的，原住民皆知主動及時幫忙，但漢族朋友常是心有餘而力不足，多僅驚嘆原住民山林的自如工作及默契，吾等甚能瞭解其想協助工作，但依然還是渠等安全為最主要考量。

14、在大分地區原國小遺址，遺留下專家學者觀測及拍攝野生動物器材，研究者功成名就結束工作後，應負責任將曾使用報廢器材、雜物等併作處理不該留在山林，不但有礙觀瞻污染環境，更對祖靈及大地大為不敬，公部門應加強山林保育及環境教育之宣導。

15、在八號停機坪生火後即四處尋找乾柴及生木，Atomo隨之而來取吾手上鋸子，看其使用手法的確有用刀鋸之經驗，並且尚能扛粗大木頭回營，真不簡單！晚間吃足飯飽後，因當天陡上800公尺又陡下濕滑的300公尺，明天尚有15公里之路程，大家都及早休息，僅餘小蕙、Julie、之之烤火輕聲聊天，吾再三催請大夥早早休息養

足體力，唯僅小蕙就是不離開，約21時許轟然巨響，下午剛通過不及1公里處大崩塌，小蕙反倒更起勁對原住民文化及相關山林故事之交流，她甚為健談又輕聲細語婉婉有儀，心想，與她有緣在山林相識，若山神送禮就轉送作為她繪畫的素材，更以感謝兩夫妻對原住民用心理解及全力的協助。

其實在山中個人習慣烤火以確保安全及保暖，但當時烤火卽要小蕙早早休息，主要目的是「我要烤乾內褲」。在大分淸洗的二件內褲，因又不能外掛背包涼乾，就只有在晚上大夥入睡後起來烤乾。

16、若當時決定全隊上華巴諾，就整體腳程，則必還過不了該大崩塌地而受困另一端，因夜間無法挖土搬石砍木修路，為安全考量，勢必要退回足夠安全的露宿點——多美麗石牆邊燒火過夜，並請祖靈保佑能安渡飢寒交迫的夜晚。回想起，無訊號情況下、團體之食物、露宿之大布棚及協作裸姆已先行至停機坪，如果！如果眞的是，當晚無糧、無遮蔽後果不堪設想，心有餘悸輾轉難眠。

在前一晚通過該區時，己有落石雜物淹蓋陡坡路面，四位裸姆一人監視上壁落石，三人輪作挖土搬石闢路，因新崩落土石鬆軟不穩，必先須往上築通道，再往下接原古道另一端，不宜直接橫向闢路，否則路基快速下滑，此實非經驗老道的布農族高山嚮導所能。

17、本團是超異類各來自不同領域之集合體，除成員中屬原住民族人深厚之族語及歷史文化能力外，漢族成員中丁丁及小賴同學對中央、學術界及玉管處的特殊關係；威哥同學對公務系統如縣府、公所及原民會的關聯性；登山達人強哥更可就國外相關對山林之經營管理實務作分享；具專業新聞傳媒及文宣行銷的Julie、獨特創意在地藝術家的小蕙及深入研究原住民部落安全衛生的之之等。所謂三個臭皮匠勝過一個諸葛亮，成員們可就各自

專業，用不同角度或天馬行空的思維提供想法或建言，協會可擇取所需參酌備用。

感謝花蓮縣政府及玉山國家公園管理處的宏觀視野，及不遺餘力協助深具歷史文化潛力十足的卓溪鄉布農族朋友，卓溪登山協會排除萬難極用心的賜予我們這次機會，本團成員間的相遇在我們人生旅程中，必然會占有一席之地而成永恒的懷念。我們都是協會培育出的外圍成員，有些事是協會不便說、不敢說或不能說，我們都是您可搖旗吶喊及背後支撐的粉絲，高度期待您的穩健成長茁壯，卓溪登山協會的成功是我們共同的快樂！默默工作的阿弄、沙力浪及Panai老師辛苦了！再次感謝所有一同探索的伙伴朋友們！

參與八通關越嶺古道之四個主要目的

瞭解八通關越嶺古道上「駐在所」

山區駐在所概述

（便於讀者聯結內涵，而作相關資料節錄分享。）

臺灣日治時期（1895年至1945年間），設立於蕃地的基層警察機關，負責治安與教化的行政統治任務，同時也負有授權的經濟任務和教導原住民兒童的教育任務（維基百科，自由的百科全書）。

八通關越嶺古道之日治時期駐在所，係1930年中葉，依據「蕃人移住五年計畫」，花蓮港廳當局開始執行被稱為「玉里奧蕃」的拉庫拉庫流域布農人之集團移住工作，自1933年8月起花蓮港廳當局照計畫陸續將區域內原住民以勸誘、強迫各種方式，移住至花東縱谷西側山腳下之卓溪、卓樂、南安、古風、崙天、石平等九處並開鑿圳路、建設番屋、給予農具等。花蓮文化局更表示，日本從1919年至1921年在八通關越嶺古道上共設置56座日警駐在所形同軍事堡壘。日治時期因移住原住民政策，區域內

之原住民撫育設施如太魯那斯、馬西桑、阿桑來戛及佳心五處番童教育所及托馬斯、佳心二處療養所皆於1934年裁撤。而駐在所因所轄原住民已被遷離，支線上及部分主線上（如山陰、石洞等）駐在所亦陸續裁撤，僅餘主線的24個駐在所，而員警配額也逐年遞減，大分小學因就讀的警察子女少而於1943年閉校，二戰末期更因財政困頓1944年延線駐在所全線撤除。八通關越嶺（主線）駐在所計有：

　　1、東埔駐在所。2、樂樂駐在所（山屋）。3、對關駐在所。4、觀高駐在所（山屋）。5、八通關駐在所。6、巴奈伊克駐在所（巴奈伊克山屋上側）。7、秀姑巒駐在所（中央金礦山屋對面）。8、躑躅駐在所（杜鵑營地）。9、南營地駐在所。10、大水窟駐在所（現有山屋非同位置）。11、米亞桑駐在所。12、馬沙布駐在所。13、沙沙拉比駐在所。14、托瑪斯駐在所。15、意西拉駐在所。16、塔達芬駐在所。17、土葛駐在所。18、大分駐在所（山屋）。19、多美麗駐在所。20、石洞駐在所。21、新岡駐在所。22、抱崖駐在所（山屋）。23、十里駐在所。24、山陰駐在所。25、美拖利駐在所。26、瓦拉米駐在所（山屋）。27、黃麻駐在所。28、佳心駐在所。29、山風駐在所。68年新中橫測量時期瓦拉米及大分尚存木造建屋。（便於讀者聯結內涵，參考拉庫拉庫溪流域布農族舊社溯源與重塑計畫及108至109年度延續型計畫等作相關資料節錄分享）

找尋駐在所臨近殘留山葵

鄒族山葵復振工程規劃

　　阿里山鄉山葵產業發展至今，已超過百年，在阿里山深具地方特色，也是早年臺灣地區唯一山葵成功專業生產區，「綠色黃金」之衰退，非因為生產過剩或產業價值沒落，主要因為政府對國有林地的保護。為今蔡政府轉型政策，臺灣師法日本地方創生具前瞻性宏觀之國家策略，於日本安倍內閣於2015年宣佈為日本

之地方創生元年，最終目標爲2060年，屬長期之國家重大計畫。在我國，於2019年宣佈爲臺灣地方創生元年，國家發展委員會統合各部會及地方政府資源，協助地方發展發揮各區特色、促進人口回流等多項有利地方之施政措施。

惟臺灣原住民部落因地理環境之因素、交通問題、基本設施不足，傳統慣習農法及資金短缺等因素，使山區部落產業發展遲緩，嚴重影響原住民生活。根據包正豪教授於《臺灣原住民族研究季刊》第24期（2009.12）研究結果，政府資源若於社區意識建立前投入，對社區發展並非絕對正面的影響，反而易於流於派系分肥。研究結果指出，社區在發展觀光之前，應當先建構社會資本，並以社區永續發展作爲目的本身。思索結合自然景觀資源與原住民族多元文化資產的永續觀光，回歸「部落傳統文化」根基，認知到生態旅遊可以促成部落發展，前題是當地部落需先認知到自身對自然資源、傳統族語及文化所擔負的保育及維繫責任，並凝聚部落內共識。

政府應先協助建構各族群或部落組織促使族群自我認同，再由部落組織發展出部落產業，並應輔導各族群或各部落就各自特殊地理環境及文化之差異性，配合國家「地方創生」之政策，發展出個別部落特色產業策略運用。因部落文化及族語是公部門無法深入之領域，故政府應尊重各族群並扮演行政指導角色。誠如包老師所示：思索原住民族多元文化資產的永續觀光，回歸部落傳統文化根基，認知到生態旅遊可以促成部落發展，前題是「當地部落需先認知到自身對自然資源、傳統文化所擔負的保育維繫責任，並凝聚部落內共識」。

筆者前於2018年起卽高度關注而更積極規劃綢繆，個人觀察未來在山葵栽植環境、兼顧山林保育及加工技術之克服，於政府全力輔導及協助下必能重行復振山葵產業，尤其部落族人己形成鄒族部落山葵產業復振工程之共識。未來山葵可促成產業觀光化，透過創意文化包裝，凸顯在地產業特色，進而提升產業價值，更可並同鄒族特有之文化及特有之農特產品如阿里山茶、咖

啡、愛玉子及石篙筍等地方特殊產業，形成厚實之「部落經濟產業鍊」，建立代表鄒族部落及臺灣意象產品商標，以驅動地方發展之動能，只要堅持經營理念，必可逐步達成阿里山鄉山葵產業的在地價值並同鄒族文化延續傳承。鄒區雖得天獨厚物產豐富，惟族人習慣就各自產業，成自由自在之個體小農衡平生計，著實較難達成整合；又部落年輕族人為現實生活即時需要，多從事當日可取得較高工資之零星工作，對部落長期經濟產業發展無非亦是阻力所在。

綜上各項以產品獨特、產品的故事行銷、大環境因素、人力資源、在地文化及認同度等，經長時期觀察研究及評估，決定全面捨棄退休後從事十餘年的族語志工，由培育之後起新秀接任，逐步執行適合老人活動場域的小型精緻農園計畫，並栽種蘘荷、苦茶，整理現有之桂竹、石篙竹、愛玉子、孟宗竹作為未來農園基本成員。為便於經營及運作農園計畫，以2019年調整以「山葵」等為主軸，而不斷參與相關原民會相關之培訓，並密切與林試所、中興大學、民間相關專業人員請益，另併同彙整既有之文物、戰利品等，規劃建置以族語、文化、文物等微型文史工作室之構思，另再俟機逐步轉型。

探索鄒族傳說中的mohkuv'o ci c'oeha（流錯方向的河流）

鄒族傳說中傳統領域故事之理解

筆者藉測量親訪大分深山區、登山走訪秀姑巒山及重返八通關越嶺古道等，僅為想探索荖濃溪及秀姑巒溪源頭，及印證前達德安耆老Tookici等耆老50年代所言，上有大碎石及背面山有大崩壁之黃金礦場，經實地探訪的確是存在！秀姑坪西側為大量碎石坡，下側即為白洋金礦，循谷陡下即為中央金礦；秀姑坪朝東坡面，有崩壁之大量碎石坡並有明顯動物路徑，經自秀姑巒山遠望東側斜坡面水鹿之路徑若似寬大之人行道清晰可見。kikuo、pasuya（安松年）等耆老曾經講述傳說故事中，亦曾提及h'aiei'ici chumu tomo tpotpoi cimo teohku ci yuafeofeo（山稜線上矮箭中凹地處的少量的水），micu momekv'x 'o mafofofeohva to inan'i（那裡山中溝渠，流的方向已經不對）oheculanana tngucino emoo ne o'amocu mosola maaya（日本來之前就有房屋）。口傳所述應就是大水窟區，稜線矮箭竹上有長型水池、河川流向太陽出來的地方及該區日本時期之前就有清代之營盤遺構。

鄒族傳統以玉山置中，外圍以大塔山、秀姑巒山、向陽山三座山（可相互對望）及向南獨立山頭之新康山，即以玉山為中心，四座山為山林活動之標示，有明確之山頭、水域流向、太陽走向及星座，故鄒族人身在山中是不易迷失方向。鄒族口傳歷史中早年活動範疇，應就以玉山為中心向四週擴散，之後因疫情慘重、布農族群之盛興及日本移民策略而領域更動。對應鄒族祭歌所言："tayayai'ane 'uka'ane ngausa nia'basango."（那是古時候的人、四週散發光芒、現在已經沒靈魂）。時空變遷及大環境之影響，大地萬物為造物者所有，山林為人類共同輪流使有之概念，鄒族曾經活動範疇之傳統口述，大多與行政院原住民族委員會《96年度原住民族傳統領域土地調查後續計劃成果報告I》甚為吻合。

重返40年前新中橫公路東部測量地區，找回當時測量工作殘存的記憶

重返四十年前新中橫公路測量區，更強化完成本書回憶的動能，雖然尋覓山葵是無功而返，但可達成曾參與測量長輩們的囑託及留存一些殘存的回憶，若僅為經驗古道行是無法體會那種深刻曾經真實的感受。

本次因連續數日長途旅程而較為疲憊，多僅注意腳踏點及隊伍步調之夥伴們，似無餘力鑑賞山林美景，唯有在視野景點才有復活讚嘆聲！重裝上坡行動緩慢，領先群常易巧遇野生動物，因其非受突發性之驚擾，動物會緩慢移位或聽到折枝或落石聲響，或聞到山林異味而常頓時駐足專注觀察聆聽，「看見什麼嗎？」

是伙伴們最常有的疑問句。而身邊的領隊Tmaluku常點頭示意，是原住民對山林的本能及敏銳度，於日間，正常動物見人或聞到人的氣味早己離去；若是不正常的動物（白天可近距離看得見的野生動物），恐會有異常行為，而人類反倒身處險境，此正為當時原始山林測量工作中，必須具備的基本山林知常識及本能。

　　古道上除尋覓是否有山葵外，動物骨骸、鹿角及無時無刻尋覓測量當時曾標記過的樹幹、曾砍過的樹枝、走過小徑、生火處、露宿處、飛鼠洞、探蜜處、取得獵物處、險些失去伙伴或摔落卡樹處等，雀躍的回憶唯有獨自體會，更是針挑隱藏心靈的傷痛，有著說不出深層記憶與曾有的情感，吾加快速度到那棵曾經救我一命的樹，對望著心存感恩，「還好有您！何幸此生能再次重逢。」但它卻似乎笑我呆！誠心的bispueho（敬神及感謝它）。後方傳來輕輕一聲：「吳大哥您怎麼了？」吾強忍著不時油然而生莫名之情緒湧現，泛淚背著之之輕鬆一聲：「我們走吧！」就一起返回到當時測量生活點滴之初始點！

第三篇　東段測量生活點滴

東部測量屬中低海拔闊葉林區，生態精彩豐富，擇要以：來去花蓮、強渡惡水、夜間刺魚、夜間設陷釣鰻、藍腹鷴奇遇記、忠犬lika、棒打白面鼯鼠、山林之甘露、火燒巨木、致命的陷阱、摘除大黃尾虎頭蜂、毒魚藤、模仿與學習、蛇之吻、猴王與猴群，等篇陳述分享！

來去花蓮

因參與人員同屬達邦大社，要到ciengona（即後面或山之另一面之意）不論探鐵路或公路，往南或往北皆需繞臺灣半圈。莊老說：「那都是溫家的hupa（早年先人各家族奉祭的山林環境），若直線距離行只需翻過maeno ne ciengona（後面尖的山—塔芬尖），數天後即可抵達。」溫老說：「我會topeohx（祭神）請山神保祐，但你自己走。」他轉頭對我們說：「那時我們走了十餘天。」

往北部交通較佳，故離鄉後先赴臺北市過夜，大夥商議要看當時臺北最高的建築「希爾頓大飯店」。為免走失九條好漢常是一路縱隊Mo'o（安先生）擔任班長，街角吃爆米花、巷口看挽臉、陸橋上數車子、讚嘆高樓之宏偉及奇特的美女穿著等久久未離去，似劉姥姥逛大觀園趣味橫生。入夜二位耆老為著到底太陽從哪個方向出來，無法成眠（鄒族習慣睡眠時頭要朝東，錯朝方向必然惡夢連連睡不安穩），數度吵醒領隊羅先生。

隔日搭乘火車至玉里，宿住玉里郊區田邊吳家民宅二樓打地舖。每人皆smu'iei（配戴獵刀）、背kexpx（傳統背袋），甚至耆老還自備zusu（獸皮，可席地而坐、睡墊或遮雨）。以玉里火

車站為起點，正式開始謎一樣的追尋先人足跡及自然生態之旅。二耆老Toyovi（溫增相）及Kenngo（莊建興）均為家父之摯友，溫老是部落出名的火爆浪子，酒後人人敬而遠之，莊老卻是溫順醉不倒翁，宿醉倒地卻可閉著眼，精靈的像順風耳，條理駁語到天亮。平時該二位長者，沉默寡言熱心公益之紳士型，但酒過三巡常會水火不容，磁場迥異如不同國度，在玉里火車站前第二處噴水池邊右側小吃攤，亦就臨近測量之起點，晚間眾兄弟開心手牽小手一同逛街慶賀，酣歌醉舞觥籌交錯後，竟為敬酒公然展演鄒式摔角，轉移馬路正中央後相擁倒地不省人事，隔日又會惺惺相惜、相互慰勉關懷為何受傷！

強渡惡水

　　當時卓樂至南安是無橋可通行，工作人員每天往返皆需涉水而過，若山區大雨則等候大水稍緩始可渡過。常態清晨河水較穩定，但下午必須重複面對相同困境，工程人員不諳水性則由伙伴們護送強渡惡水，涉過大河則需選擇河面較寬廣水域之近末端為宜，採目測須清楚見底，若混濁則必持棍仔細探測深度及流速，微側身通過不宜貿然行動。就原住民經驗，若不慎落水，非險惡或落差大之河川，只要不過度緊張順水而下，保持清醒及頭部不碰撞重擊，甚多可游上岸或被沖上岸之機會，此自然是件愉快美好的漂浮回憶；若極力抗拒水流，只是無謂的耗盡體力，外加莫名心理因素而恐慌萬狀乃最大致命因素。若是山區落差大之溪流河川，則不宜如此瀟灑，落水則應全力盡速游上岸，鄒族視之為阽危之域，所謂「落水不離塘，離塘則命休」之說，因山區溪流落差大，大水沖離深塘後，人極易卡在石縫中或頭受撞擊無可挽救，實為山區原住民早年涉水過河最大之擔憂及傷痛。

　　當年莊明華袋背三斗米，因山區夜間大雨河水暴漲，竹橋固定繩索鬆弛，劇烈晃動而重心不穩，不慎跌落竹橋上側河面，雖使力捉住竹橋，因水流過大仍被沖下，當時水質尚屬清澈，號稱

水鬼的他，全力出水，吸口氣後極力脫下背包、雨鞋並順水流而下，隱約可見湍急水中影像，約30餘公尺處再次浮出水面，於較寬廣水域處離水。落水最大收獲爲發現該區魚類生態豐富，竟也存在鄒族所謂的'eou（高身鯝魚）等大魚，因該區尚未進入山林，故此後便成爲當時假日最佳水上娛樂活動的場所。

若下至河川，應先關注季節，因季節直接影響河水流量，山區溪流最易發生不幸事件爲夏季之消暑戲水、溪釣及溯溪活動。鄒族爲純高山原住民族群，不若海洋民族之阿美族熟識水性，孩提時長者諄諄教誨銘記在心，鄒族深信有engohcu（水鬼）之存在，近水前必會bispueho（敬神）護祐全員平安，請天神讓水鬼暫時迴避，拋石入水，意將水鬼佈設之陷阱破壞。筆者總會事前先觀察四週環境是否有落石、斷木枯枝掉落之疑慮再擇定地點，並對溪水流量作觀測，觀察歷史最高水線及現在水線、5年以上水線（紮營安全位置）、1—3年內水線（日間安全活動區）、臨近目前水位作標記，並作安全警示器。

鄒族族人皆有此經驗，下午溪釣，因午後雷陣雨河水暴量無法渡河而被困在河對岸，非不得已，絕不冒然強行渡河。因山區大水多爲來得急也去得也快，皆短暫1—3小時內必然消退，常會就近覓寮生火取暖、烘衣物及烤肉野餐，水退後感謝山神即可安全渡河，不會讓家人擔心，爲外出者的責任與義務。

臺灣山區鮮少有齊頭水或瞬間大洪水，除非有連續強降雨，造成土石流形成堰塞湖決堤或數處小塘水爲枯枝樹葉阻擋，最上游處水量足夠沖垮後，下游連鎖效應而成瞬間大水；而中下游區多因水庫洩洪、水壩調節性放水或發電等始出現瞬間大水。

當位處河川可能之行水區中，應就所在位置爲基準，隨時作緊急逃離路徑之選定，若逢溪水異常（聲音大、枯葉、水混濁、超過原有水線），就應毫不猶豫的糾衆離開，稍有警覺性必定尚有足夠逃離現場之時間，非不得已不可就近停留行水區中之制高點，而是死命逃離現場。

回憶起筆者曾參與在臺北縣烏來區桶后溪旅北鄒族年度活

動，該區曾是一條小溪流（現已成寬大河川），一處水壩上游較寬廣處搭棚設營，筆者並非挑選平坦之下游沙地，而是擇定最上位（游）處，與行水區已是相當落差，多已佈滿雜草處整地紮營，並在營帳前處溪水邊，教導小孩在沙地上劃水線及立石作觀測，並在上游處用釣魚線綁三空罐，若水位異常會有聲響。一家四口在棚內玩得不亦樂乎之際，因濛濛細雨並未出帳巡視或觀測水位，當空罐作響時水位已淹沒標線及立石，下側較低平坦處帳棚快速波及，而宣布撤營。筆者帶兩個小孩緊急拔營時因雨淋溼透而先行離開。經驗老道的鄒族長者'anteto ake'i boese'un'a（我們稍靠邊站—禮讓之意），不及一小時河水卽快速消退回正常水位而歡樂到天明，顯然是最不爲大眾所能預知典型的mayanou'e hpxhpxngx（大地捉弄），平地放晴，山腳下雲霧小雨、山區連續豪大雨所引起之河水暴漲。當時該區確爲漂著細雨並不致影響活動，但因桶后溪集水區臨近宜蘭山區下大雨所致，適逢其時爲小孩子千載難逢之機會教育。

夜間刺魚

　　tufngi（夜間刺魚）爲50年代前，鄒族最傳統臨近河川適量漁獵方式，因早年並無電筒，皆係用乾竹子或蘆葦桿子充當火把，單人爲左手持火把，右手持魚叉刺魚，之後演進成雙人組，爲一人持手把，另一人左手持Nalasu（玻璃盒）右手刺魚，玻璃盒不受水流影響，透過玻璃看水底更清楚，二人默契及經驗至爲重要，否則滿處薰煙、視線不佳、爲火把灼傷及火把浸水而熄。

　　夜間刺魚多係冬季鄒族所謂的moyxhcxngia（11、12月），河水及蛇較少季節爲之，若要夜間刺魚，白天必事前先準備火把沿溪放置備用，觀察可行小徑及適合可刺魚位置，而決定放置火把之距離及數量，若更功夫則三天前事先砍樹枝，定置河道入口處，可減緩河水流動，水底可看得更清楚，或sohi'u（蘆葦草捆放置適當水域），或最理想爲加料，卽採用火烤虎頭蜂窩更可吸

引魚、蝦等覓食。按鄒族傳統獵場倫理，若欲超越自屬家族而到其他家族管轄河道區，必須先向該河段管理之主人告知並分享漁獲。

秀姑巒溪上游，安南河邊營地，水中生態甚為豐富，尤其是小溪與大河交匯處，而耆老交代只取竹筷子長的苦花，若太小隻不得取之或傷害，起初耆老跟隨監工，午夜時二人一組，至較深處（較大隻），及岸邊水較淺沙地（活動力較弱但雜魚較多），當時已採用手電筒及自製頭燈（早年四方形乾電池，電力不足可四個串聯，但因較笨重，不適合帶進深山），不需一小時即足夠所需，適量而為多取則必被訓誡。小溪流之no'eoza（水蛇）及yxngo（青竹絲）較多，學理上蛇會冬眠，但實際上青竹絲依然隨處現蹤影，只是迂緩慢悠或愣著不動，跨越不可觸碰即相安無事。

鄒族人，必先觀察溪水流量、青苔、水中石頭顏色、魚是否脊椎側彎、尾水較急流處pa'momia（魚啄食石頭上青苔之嘴痕）判斷大小及類別（各類魚種各有不同嘴痕，苦花為橢圓形）、水底岩石邊緣之砂地是否光亮及其寬窄度（預測鰻魚粗細大小），而決定是否執行漁獵及使用何種方式。鄒族捕魚方式，除部落早年集體漁獵及各家族分配經管河段之聯合漁獵外，個體戶大多為tisngusngu（徒手捉魚）、maaseu（即河水混濁成泥時即用自製長柄魚網撈魚謂之）、tufngi（夜間用魚叉插魚、蝦或蟹）、siyungu（魚筌）在河中塘尾較湍急微落差處佈置魚筌、tusi'ngi（掃地—在上游手持竹芋或走動）捕撈溪魚，即下游設置yungu（小型魚筌），目的為驚擾水中魚蝦使其往下游移，對爬岩鰍最有效；sohi'u（利用芒草捆綁放入河水中，事隔三日將之移到水邊取蝦）、mahfuyo（使河川改道捉魚）、otfo（毒魚—用毒魚藤傳統方式）、smofkxtx（用弓箭射跳躍的大苦花）、siyoi（魚網撈攔截跳躍的大苦花）。近代才有所謂的toalungu（釣魚）、to'ami（下魚網）。晚近捕魚用Vateli（電魚）、otfo（毒魚—用氰酸鉀，傳統用毒魚藤）皆嚴重影響河川生態，在鄒族區河川是

嚴禁採用，但偶有外地不速之客，為取某數個深塘高經濟價值之黑鰻，採用大量Seisankali（氰酸鉀），使河川生物無一倖免，黑鰻棲居深塘石洞內，是最後才會受影響而亡，若較大隻者，牠會出洞將頭伸出岸邊之水面或游上岸離開劇毒之水域。此作為下游數百公尺河水皆受不同程度之影響，常因山區河川有落差大或有瀑布，下游生物無法向上游遷徙，該河川責任家族便會thuci（自他處取魚苗流放），或俟雨季大水將上游小生命沖下，故仍需數個月或半年後始見自然復生。

孩提釣魚趣事，國小放假時，常因吃重勞力之山上工作尚無法勝任，故各家小孩常被叫負責miazomnx（稻田驅趕小鳥）或eskusku（循著竹水管路線看護修復），剖半外露之竹製水管（居家用水採用桂竹或石篙竹，稻用水量大則用麻竹或人工渠道），常因樹枝或樹葉阻塞、大青蛙或青竹絲寄居或因久旱河水驟降取不到溪水或崩石擊損等，若ceonochumu（人工挖掘小渠道，採用於地勢穩固區段）同樣也常為動物破壞而渠水流失，故山中家用水或稻田用水之檢修維護，是簡單卻極為頻繁之工作，故多會落在小孩身上，正是培養及訓練男生學習獨自應對山林之技能、知識及勇氣。而套鳥陷阱及彈弓常是必備物品。哥哥Halu（Ypasuyongx）在下方稻田，我在上側稻田，一上一下相距約400公尺，隱約尚可聽見兩人相互應聲及趕鳥聲，到下午默契十足的在達德安溪谷teocfunga ta sxsxvex（兩河交會處）釣魚，因用自己苧麻絲編織尚不順手，後來發覺家父新買回來之草席有細尼龍繩固定編成，於是每隔一段時日便與大哥輪流隔條抽取一次至少二條作為釣魚線，嚴格的家父從不知道，後來是家母無意間在眾人消遣時透露才東窗事發，原來母親早就發現但不戳破，只因祖母開心常有yoskx axlx（真正的魚—苦花）可享用。

自幼從未聞聽父母親大小聲或吵架，只有老奶奶個小嗓門特大，卻溫和熱心助人近鄰皆知，因臨近族人生活較清苦而收養無數位pop'eoko（養子女），更有趣的是有些族人常會刻意在近用餐時間出現，故家母總會多煮些飯菜餐備用。另如前曾有第七鄰

ecuu（地名）一戶湯姓家族，其採用Lanpu（小煤油燈）作夜間照明，因誤用油不慎爆炸，其子肚子灼傷嚴重，老奶奶得知，就安置舉家遷至我們家側房，以便相互照應、醫治且一起過生活，後來一家六人子女皆成長才離開另居。其長子湯姆森，當時筆者在鳳山受訓，夢中場景記憶猶新，是入夜細雨濛濛濃霧中，夜間大家習慣的在屋內火塘圍在一起烤火（只有濃煙尚無電力），但夢中聞聽湯姆森在外tmxsx'sx'x（抽泣），時在cungsu（東門）時又在niacm'ona（西門）方位，叫他就是不肯入屋內，從而夢中驚醒。事後瞭解，原來是前一日他跟我內弟Pasuya，到我常與哥哥釣魚的地方sxsxvex（地名—很多茄苳樹的地方）去釣魚，據Pasuya描述，他說湯姆森看到一隻超大的魚，想要過去追釣，因當時水量大，又因高大茄苳之密林間，河谷濕滑異常而落水，小河落差大、巨岩及亂石多，遺憾之不幸事件就此發生。

夜間設陷釣鰻

　　秀姑巒山是秀姑巒溪之源頭，自卓樂東邊之安南溢口流出中央山脈後，河床變寬流速減緩，安南溢口凸出之溪洲為測量之第二營地。離原始森林還有相當距離，工程人員夜夜方城，原住民不時夜間溪流活動，因該區屬較低海拔，無太多深塘及大石洞窩，亦未見鰻魚行動之沙痕，且鰻魚多屬較不為耆老所喜歡的黃鰻或白鰻，原本採積極型高效率之彈釣法，後來改採消極自然定置法，以特大蚯蚓或鳥大腸為餌，用細苧麻固定於大魚鉤入水，另一端釣魚線綁住固定，而中間在平緩石頭繞二圈並用扁石壓住（作備用及標記），數次皆上鉤，但因定置無人看顧，多為鰻魚將魚線扭斷脫離，但亦曾數度因預留線過長，拖入石洞而無法拉出，硬拉則斷線，潛水視線不良又怕被反咬而作罷，因並無缺糧之疑慮，一切便順其自然。

　　彈釣法係鄒族最擅長使用之漁獵方式之一（是以佈設鳥獸之原理），尤其確定深塘有大黑鰻，則必採彈釣法，取材製作較費

時，但穩定度高，常取用彈性佳之桂竹為固定竿，並概估重量及拉力設置，上勾後瞬間彈力釣住，並靠竹竿之彈力，維持魚線之固定拉力，使其無法鑽入任何石洞內，自幼家父除溪釣外，亦常在特定深塘設置釣鰻陷阱。耳濡目染下，數度經驗中，最經典莫過於達德安溪及yo'kakia溪交會處（下一段溪流為莊家、高家等傳統分配管轄區），往達德安溪上游，吳家稻田下側的一處瀑布深塘（該溪列屬吳家所經管河流），阿公Hinonovu（祖父）獵獲近十餘公斤之大黑鰻。

　　Hinonovu（祖父）為鄒族最後的山豬英雄之一，他從不持弓箭或帶槍入山林，僅配掛一把鄒族獵人刀，以佈設傳統陷阱為樂，以野豬之腳印判斷其行走方向、體型大小及公母之別，再佈設相對強度及硬度之套腳陷阱，其擇處之謹慎及專業度，一日施放陷阱不到二門為常態。獵得野生山肉，常是用各種不同的方式保存，所以家是從不缺肉品。再於農忙工期，便用smuhnu（請工。名為請族人協助工作，實則以分享食物予族人為旨），在用膳結束後，參與人員必致贈txnx'va（致贈一定足量山肉攜回）與家人共享。

　　某日，在eemcu（地名。臨近為吳家之棕櫚及地瓜園），其發現異於常態的大型豬腳印，闖入大肆破壞木薯園，便循足跡入芒草園施放超強之套腳陷阱一門，三日後探巡，發現現場混亂並將套腳陷阱之木棍扯斷，拖著鋼索及木竿尾端延路挖掘，邊走邊往上側移動（追蹤可明確方向及行跡，唯有野豬會往上處緩慢移動，其他動物皆往下狂跳速移），赫見十餘公尺外，端坐口流白沫磨牙面朝著mooteo（等候），而祖父應是亢奮而面對著也磨刀對望。

　　祖父遲遲未歸又綁在棕櫚樹上之小狗著實不安，將狗繩鬆綁，狗即往上狂奔事發現場。隔日全村動員20餘獵人共同追擊，配刀持pxyo（戟），但仍有數人掛彩，如Sing'ici（隔壁小莊家阿公）、Ngoloku（六鄰毛家阿公）等都曾被劃傷，主因是公野豬之皮太厚，該行動為鄒族最後一次集體追獵行動。在對可敬又可

怕之對手（尤其對其靈之溝通），必探以敬畏臣服之心。

　　家母2020年4月3日，吳家兄弟陪著95歲的老母親，在終年不斷火爐邊，常由大哥引緒談天說地，年邁家母非常高興子女難得全員到齊歡聚品茶，便會像小孩子般向大哥撒嬌的說：「ma'sola ahta pema a'o！（偶而要讓我喝酒嘛！）」。當家母觸及要對山林及動物之尊重而引伸這段故事，家母用族語重複著外公曾經所言（筆者逐字抄寫）："tekola peeteoteoiva a'o ci mi'o angu teoteoiva ci yatatiskova."（大意為：請你禮讓我，因為我是非常溫馴的弱者）。祖父當時面對著牠，極反常的磨刀相對，鄒族耆老視為大忌，此乃達邦社近世紀面對尊敬snoecavxno ak'e mameoi（山神之飼物），最慘痛經驗之機會教育。我同哥哥最喜歡鑽入祖父懷中入眠（不喜歡祖母，因她會抽食奇臭無比的自製煙草），猶記祖父身上之多處受公野豬重創疤痕，當時能存活已是上天之恩澤。

藍腹鷴奇遇記

　　越過「三陰」營地，為找尋荒野可取食材，每人備妥烤地瓜，依舊人手一支彈弓前往山林散步，進入無路原始森林，老遠聽見一聲奇特「不呼、不呼」之聲音，應是藍腹鷴起飛或急速離開之警戒聲，奇怪的是，牠似乎並未移位，隨著距離逐漸小聲變無聲，確定是在風倒枯木後方，按經驗判斷可能受傷不便飛行，縱使飛行，其飛行距離甚短且會情急找洞鑽入，與杜宗源、莊明華三人分配各就定位，他倆就其可能移動到空曠方向約20公尺距離彈弓守候，然意外的，當手持短棍躍下時，牠同時就展翅彈跳外衝，自己因而反被嚇到而側閃，但二度彈跳飛行不及5公尺，其過度情急或未曾見過醜陋的人類，竟身子鑽入枯木洞下露出豔麗之尾羽，擒獲回營後放置營帳內便上山測量，竟為測量隊的總務羅總管逕取下酒，真是無語問天的憤怒，經耆老Kengo（莊建興）強力勸慰說項至少留下尾羽。藍腹鷴第一對尾羽——中央的

白色尾羽最為鮮亮，鄒族傳統作為帽飾之尾羽之一，然對牠之愧疚及感恩，尾羽視之為瑰寶，迄今仍為皮帽中最珍貴之裝飾。

　　藍腹鷴的繁殖季節在每年二到七月，在此時雄鳥在地上斜坡隱密處，掘一淺窪並置枯枝為巢。但常態夜間則其在林間高層處公母散居而息（竹雞最底層、深山雞中層、藍腹鷴位居最高層），夜間用手電筒偶而會照射到其鮮豔亮麗的羽毛。早年因獵捕及山林開發為最大的威脅，但現在響應生態保育，筆者居家週圍不時聞聽其奇特之警戒聲。

　　藍腹鷴通常在晨昏時較易現蹤，常會是雌雄一起活動，是一種怕生較不易親近人類的鳥類，非常保護其羽毛，不喜歡在草叢雜亂之處，較空曠展望佳之斜坡面為其最愛，卻都會固定路徑，故進入該空曠區之路徑佈設套腳設阱極易捉到，曾數次捉其雛鳥，但皆不食而亡或必須野放。

　　藍腹鷴常以種子、嫩芽、蚯蚓、白蟻等為主要食物，耆老判斷該區是否有藍腹鷴，多些時候以金線蓮及朽木為指標，鄒族長者之智慧，Sasanpiengi（蘭花山）某區之金線蓮刻意不採，作為觀測該區藍腹鷴活動狀況之植物，惟公路開通及山林甲種管制解除後，因未作配套措施，外地人早期如入無人之地大肆採取，金線蓮、皮亞蘭、牛樟芝、牛樟木廢材，就連原住民世代保育諸多的活體牛樟都無一倖免。台灣早年威權政權，前50年政府是公然違背大自然之合法伐木；後50年是山老鼠盜木而政府無能管理；目前形成只要有本事、有體力、敢違法就賺大錢，長年皆是外力輪番吃香喝辣，而受害者卻是台灣傳統山林的主人——原住民。

　　另快速無限蔓延山林之害「竹林」，國家應作30—50年長年政策性規劃執行，透過部落組織之認同，委由竹林之主人逐步清除，改植適合在地之保水植物，由林務局提供經費預算及苗木並列管執行，唯有將山林再度視為國人（尤其生活斯地之原住民）生命共同體，原始森林及國土始可休養生息，50年後必可逐步回復原有之山林風貌及寶貴水源之重現，共同留給來子孫一個安全乾淨的生活環境。

忠犬lika

　　卓溪鄉布農族老前輩林先生所飼養花狗lika，為山羌腳、招風耳、毒蛇臉等，具有中型布農犬特徵，已屬成犬個性溫馴，但到山陰營地上工第一天，即受hxx（吸血蟲—螞蝗）的眷顧，連三天才順利取出。憶起當夜因大雨無法過溪上工，林長老即帶我們三位去課外活動，lika吠叫聲起變化，且非常快速往左上側移動，林先生熟悉該環境及獵犬lika之個性，囑我們快速至右上方峭壁末端坡面守住，Toyovi（溫長老）即選擇守在風倒腐木下側的無草陡坡。果然山羌情急逐一跳躍，第一隻、第二隻、第三隻速度最快為公山羌，狗吠聲尚約數百公尺遠，溫長老號稱獨臂神槍手非浪得虛名，公羌完美起跳躍過風倒木，槍聲大作同時「伊有」慘叫聲，即滾落至離我不及3公尺處，溫長老即現場解剖，lika對主人的賞賜更是無比興奮。林先生接過山羌往回走，行至路邊lika突然快速下衝，此乃習以為常之動作，但數分鐘後lika叫聲起變化，家中本就有數隻獵狗的長老，堅定並明確的說："mo mumio!"（中陷阱！）吾與溫長老往上順道注意狗吠方向，二人火速前往，竟在路邊上方不及5公尺處，lika被生鏽鐵夾子夾住，耆老囑取葛藤及葛藤葉，他製作長柄木叉並跟lika溝通，爭取第一時間避免掙扎受傷更重，毫無溫柔可言，快速的木叉按住脖子壓制，取鐵夾子後，咬碎葛藤葉敷於傷口、切割軍褲口袋包住，再用葛藤絲綁住止血。是大型一號雙齒夾，所幸上方枯葉多又長滿小樹根，只少許血流目測未傷及骨頭，處理完後依然保持距離（人狗取得彼此的信任），數分鐘後主動接近吃國軍口糧。

　　因「lika」僅單一隻，無法執行真正壓制性之狗獵行動，僅可採驚擾動物，且因是花狗，易為兇猛野獸之攻擊目標，故我們總會注意該區動物覓食、挖掘或足跡，當時旱季以山溝、河谷或茅草原，為一般野生動物最佳歇息、納涼處。

　　耆老選擇鄰近原始森林之小型芒草區，以下風處之隘口或主要路徑，先設置針對山羌為目標之黃藤製套頭環陷阱，相約二小

時之時間，於上風處及成員相隔50—100公尺連成一戰線，大敲飯盒、大吼大叫、高唱山歌及放狗，目的在使山羌驚擾快速逃離而誤入陷阱，此為人煙稀少山區快速之狩獵方式，最快一次活動開始不及五分鐘即聞聽山羌之尖叫聲，隨即收工恢復山林清靜，常依其所需量取之，下風處防衛人員必須立即將責任區內之所有套環解清除，避免其他野生動物或獵狗誤中套環。

　　傳統鄒族多非採行殘忍之狗獵方式，因族人視狗為人類伙伴，狗獵折損率甚高，是借其發覺驚擾、追逐跟蹤或纏住獵物，俾使獵者能親身應對始具資格當獵人。不同動物則不同種獵犬訓練方式，乃獵鹿犬不易獵野豬，獵鹿犬多擇較大耐力佳之中型犬，任務為追逐及追蹤，而非面對動物或單打獨鬥；獵豬犬兒則以纏住獵物為目的，體型較小、敏銳度高，面對esloengx（獠牙長成公豬），僅以咬其臀部，使其回頭攻擊再逃之，不厭其煩的重複動作，並以不同聲音（近似狗被人打的聲音）不斷吠聲等待主人到來。若未經參與實務訓練過年輕氣盛之青壯獵犬，或是誤放獵鹿狗追逐野豬，以正面直撲長獠牙之公野豬，則具高度危險足可讓狗兒截成二半，若獵鹿犬者因體型大，反被慓悍之野豬追逐時，極易為藤蔓或雜物阻隔纏絆，難以逃離脫身。另獵犬之顏色亦甚重要，獵野豬犬多為黑色或褐色，較不易成野豬追逐目標，若非長獠牙之野豬，皆可為訓練初學獵犬耐力、膽識、速度及攻擊力之對象。已訓練過之公狗是龍騰虎蹴，但確是獨行主義孤癖者，多以母狗為訓狗師，但年邁之母狗動作慢，多次經驗中，眼見數隻初學者將目標圍住，無一隻敢真的發起攻擊，而讓野豬橫衝直闖突破重圍逃之夭夭，若母狗及時趕到，發號司令則全數奮不顧身齊上咬住不放，會是一種自信心的建立。

　　獵犬見到人、見到獵物、纏住獵物、受傷、害怕哭泣等，皆有不同之犬吠聲（意思表達），狗叫聲與主人之默契是極為重要。獵犬於原始森林中任可情形下，其敏銳度及嗅覺遠超人類，另其各項無言之訊息傳達及當下特殊或異常行為，必須學習用心解讀，獵犬可謂獵人之雙眼、雙耳及保護者，兩者彼此實具高度

互補及依賴。

棒打白面鼯鼠

於多美麗下測路段，測量回程原始森林中，憑方向感抄近路回古道，忽見左側約30公尺處，枯木有三個小洞，其中最下方之樹洞口最光亮，經測試果然白色頭伸出一點，隨後又縮回去，便在斜坡面先勘查其慣性。離洞滑翔路線及第一棵停滯目標樹明確，下方一棵大樹有指痕及較光滑，經分配狙擊位置，中間彈弓手，目標樹前15公尺為最低滑翔位置，由打擊手持約2.5公尺木棍，小弟明輝用刀背輕敲枯木一下，常態輕敲第一次會伸出頭觀望，輕敲第二次會伸出到脖子準備起飛，再敲必然離洞，白色頭伸出來，不一會兒，明輝口哨一吹手比2，瞭解其義，二隻在洞內，明華便以手勢示意他用彈弓打第一隻，因是用兩頭尖銳的斜切鋼筋為彈粒，又在僅約10公尺距離打入洞內隨後又掙扎掉落，不盡人意，再敲枯木時，二隻竟同時出洞（一隻往上爬，一隻向下滑翔），向下滑翔者果然如預期高度甚至更低，便使出吃奶的力量空中揮棒，兩者快速相互撞擊力量甚大，手腕同時也微微震傷。

鄒族達德安部落至楠梓仙溪傳統最經典及里程最長的狩獵古道，稱yabukiana（地名）的路，係自達德安步行約10小時之山路，長者教導，必須熟悉路邊各個樹洞水、鼯鼠洞、蜜蜂洞窩、何家族之何人獵區、何處可露宿及生火、何類樹何季節種動物會集中覓食、何時牠噤聲及發出警戒聲，午夜前鼯鼠會在樹冠層覓食，午夜過後便會下至較底處歇息等，皆屬鄒族獵者之基礎入門課程。

傳統鄒族原不獵鼠輩，因外在環境影響，及飛鼠族群大量增加危害森林，為森林除害而成山區狩獵目標。飛鼠不論採用何種獵具，當在洞口被擊中時，牠必掙扎出洞而亡，但如果過度近距離射之則會打入洞內而亡，而無法取得，若使用獵具應精準預測

擊中掉落區，若位於懸崖陡峭處，縱然距離再近也只有望鼠興嘆了！

　　測量至大分後山時值中午，正準備覓處用餐時，驚擾右側距離不及10公尺高不及2公尺斜坡枯木之白面鼯鼠，靜靜探頭看著我們，當我們完全無動靜時又入洞內，當其入洞後靜靜接近，耆老原地砍樹引起注意，吾便採用彈弓射擊，因距離過近打入洞內，聽到吼叫聲並未斃命，便用石頭堵住洞口，背面下側燒火煙燻後取之。另如出一轍，里佳公路才開到達德安溪時（現在鬼湖生態園區入口），曾與來吉村表弟鄭清金帶槍枝前往蘭花山準備夜間活動，行至稜線上坡路段，獵犬yatumayx對一棵樹有所反應，相當近距離之處一隻白面鼯鼠探頭，選用最弱威力火藥及稍偏離目標射之，顯然未斃而入洞內，該樹稍傾斜，空心但非枯木，上、下鼠洞可通，於是上洞用石頭及雜物封住，下洞燒火煙燻（最失面子的非獵人行為），因此破壞牠的棲息處，非經數年則不會再有鼯鼠入住，且又騷擾他人陷阱獵場，僅為一隻飛鼠而為耆老責罵又賠禮。

山林之甘露

　　tuhiu為樹洞、石洞或寒原帶無水源積水處統稱，常是在山林中族人行動之救命甘泉，為鄒族訓練男子野外求生之基本科目，鄒族獵人因必長途跋涉甚少自備用水，所以必須清楚瞭解山林各地及各時節沿途可取水源，及山林面向可能有水之處；泉水或溪水在較低海拔溪谷甚易取得，但旱季則不然，所以在高山稜線tuhiu尤其重要，常為野生動物及人類競相飲用，而它多在稍傾斜粗大樹洞，又非每種樹洞之積水皆可飲用。

　　當日中午身處密林中，汲取芒草心但仍不足以解渴，很幸運在峭壁上邊傾斜背陽之大樹幹覓得一處tuhiu，用草稍過濾並觀察水色。溫長老作現場機會教育，tuhiu若周邊完全無動物飲水之跡象，水再乾淨也不可碰觸；若是水中有mokoengx（水蟲）游移或

蠕動、臨近有排遺、周遭有鳥獸飲用過或泡水之跡象，雖水色微帶黃褐色，但仍可安心使用，盡管其隨季節散發不同清香，沁人心脾甘甜透心涼，但仍不宜貪心過量，鄒族傳統以生薑沾鹽啃食以消解其不潔。

火燒巨木

於原始森林中，用完午餐依然寒氣凝重，便生火取暖，因久旱未雨地表乾燥，因最後離開的工程人員未完全熄火，隔日循古道嚇現冒煙，該季節為旱季，原始森林會悶燒深入腐質層，下側恰有一棵曾遭雷擊半枯巨木，根部在悶燒三日後倒塌，所謂地火難救，火燒深層若非連續數日大雨則難以滅熄。故耆老再三叮嚀此刻vovoezx（乾旱季節）不得任意生火，因山區無防火救災措施，尤其更該具備有無可能延燒條件之判斷經驗。

早年，鄒族傳統皆有部落集體焚獵之習俗，鄒族無不恪遵傳統規範，後因山林保育觀念焚獵亦日漸式微，時至今日已不再現。而自從阿里山公路及達邦公路開通後，略約5年一次自然火燒達邦部落對面fkufkuo（芙蓉山），堪稱鄒族煙火秀場，尤其入夜從山頭至河谷連成一條火線，謂為奇觀，每次平均焚燒約4—5日，之後便自然熄火，耆老對辛苦的消防人員說，又是「山林換季」。其實臺灣發生山林火災，多屬有限範圍的芒草原區，救火最好的方法是放火使其加速燒完，防火專家應甚為瞭解，於山林中消防設施及消防人員甚難滅火且具高度風險。火災對山林生態體系確具威害，但何嘗不是另一種大自然生機演化過程之附加價值，亦為上天給原住民的另一種恩賜nxs'xha（因山林大火不幸而亡之動物），政府應著重在預防山林火災、山林防火觀念及尊重山林教育之宣導為上策。

致命的陷阱

「大分」營地前山，因原古道腰繞里程長且有數處嚴重崩坍，規劃採直線之隧道施工方式，而測量步道係高繞陡上800公尺越過稜線下300公尺，該稜線林相佳，有窪地、泥濘池，為野生動物之樂園，四人休息用餐後便即興娛樂活動分組找尋飛鼠洞，吾與莊明華同組往路左上側尋找，未及十分鐘，風較緩和時，忽然聽見左前方異常顫動不寒而慄之聲，立刻停止行動，感受並確認聲音來源及風向，同時觀察地形，若危機出現與伙伴如何退離現場（是當下瞬間閃過念頭）。聲音源自於風倒木區明確無疑，可目測到該處緩坡面一棵巨大佇立朽木但未見到根部，在其前方空曠區為帝王蜂群往返蜂窩之主要飛行通道，且地面不再有野豬等動物挖地新痕或其他動物活動足跡，為及時阻止小耳聽覺障礙又視力欠佳之伙伴明華繼續往前免於身陷高度險境，隨即採用彈弓射擊其正前方0.5公尺大樹幹，他知道這是非常危急之通知，此刻他正已遭遇到一隻帝王蜂衛兵而高度警戒，同時原地轉頭看著筆者，吾即以手勢低姿退回，此刻單隻蜂兄亦隨侍在側不時會噴出尿液，不會兒兩隻、三隻，不再只是宣誓領域，而是準備攻擊（三隻以上會改變其行為模式），筆者將原圍脖子的毛巾掛留樹枝上靜靜退離。我們運氣佳及山神垂憐，當時稜線風忽然變小，能及早察覺其存在，若風大必然會近距離接觸，常為動物致命的陷阱。

該區屬東臺一霸—新康山支稜，即八通越嶺古道高繞路段（測量原規劃開鑿隧道穿越），可真是風水寶地，四十餘年後的2020年9月9日古道越嶺，途經鄰近上坡路段同因有帝王蜂窩而封路改道。

摘除大黃尾虎頭蜂

中午休息享受午餐，午餐皆是伙房人員統一協助準備，常

態在山谷或密林間，除先遣組外，第一組（2人）為放坡組，為測量預訂路線坡度之選擇，會砍一樹枝叉地穩固，夾一紙張書寫坡度；第二組為選線組，為安全起見皆與放坡組彼此位處可相互照應及目測位置；第三組為中線組。選線組人較多，任務係依循放坡路線坡度砍草開路，使前後二個IP（測量點）用測量儀觀測清楚，一端立Poolu（測量紅白間3公尺木竿），另一端則用測量儀觀測，隨後之工程人員卽計算大約要向上開挖多少土方，往下則要填多少土方等系統化之一貫作業，也真辛苦了工程人員，畢竟本就不屬於他們的生活環境，每每皆是搏命工作。在艱困的地形，初期常是協助背其所有物品及測量儀器，教其如何踩步、如何手扶，何者易滑或危險不能踩、何者不能手扶……。所以選線組除砍草清理測量的線路，還要另闢建後方人馬（原住民協助帶測儀器及維護安全）可安全通過之路徑，因甚多山谷褶皺地形，兩點可對測，人員下切或攀爬需要個把小時，所以選線組工作及活動量甚大，寒冷天也必會滿頭大汗。故中午多會生火烤飯盒、烤火及烤衣服，曾不慎火未熄，殘火悶燒空洞巨木三天後應聲倒下，幸未造成森林火災。

　　曾經崩坍過之陡坡先驅植物多為haengu（芒草）、yabku（鹽膚木）及fnau（赤楊木）等，因接近中午該區屬向陽區，曬衣備餐之際，虎頭蜂媽媽逐漸增多，經paivhongi（用手遮光觀測），在前方約50公尺凹處為其上下飛行往返路徑，莊耆老觀察其飛行，直言其蜂窩在上側不遠也不高處。筆者稍往前較高地勢爬樹觀察，不及100公尺卽觀測到中型橢圓型下垂蜂窩，非恐怖sngcx（黑尾）窩，也非同等黑尾兇悍的lonku-yaa-punkua（有握把的黃尾蜂窩），而是標準的黃尾虎頭蜂。計畫夜間進行火攻摘除行動，經同明華實地勘查，只有曾崩塌坡面有芒草，擴葉樹林並無延燒之條件，臨近及週邊皆有軟乾枯芒草，數人更利用夜間加強蜂巢底部陡坡面下置大量乾枯芒草及雜枝，隔日夜間再放火，此屬最簡便偷懶取蜂方法，不足為取謂之恥。

毒魚藤

　　測量過了「瓦拉米」，選線組速度超前，即離中線組相當之差距，午後提前返回找野菜補充食物。（其實數日前測量過瓦拉米前溪流時，耆老早已吩咐，沿路預找毒魚藤放置背包，集中營地放置附近大樹後方。）約下午三時，5人便直奔溪谷，耆老分配任務並己備妥地瓜及鹽巴（解毒備用），於上游處搗碎毒魚藤後置入水中沖洗，無人煙處，苦花大又多，因僅一只魚叉，便用二個苧麻背袋加木桿子充當撈魚工具，當時還脫褲充當盛魚袋，結果天黑返回時雙腿收穫水蛭七、八條。魚獲大臉盆八分滿，但回營後熱心的工程員幫倒忙，錯用沙拉脫清洗，真是白忙一場！按傳統鄒族漁獵，僅作表層毒魚法，只取所需量及選取同等大小，下游處即放置鹽巴解毒（因地形不佳僅二水塘自上游放置鹽巴解毒之），更可避免傷害飲用溪水之其他野生動物。

　　毒魚藤為原住民先人智慧，鄒族部落活動多採集體行動，如從事大型漁獵行動，會攜帶毒魚藤步行翻越阿里山山脈至楠梓仙溪上游，鄰近六溪山溪谷。（當時河川落差大，巨岩深塘多，取道固定小徑始可通行；八八水災之重創，山區崩坍土石流將河川墊高，自那瑪夏順河川往上游可暢行無阻。）大河毒魚，係採嚴密的分組分工執行，每人必隨身自備鹽巴及地瓜，若有任何感覺異常或頭暈反胃嚼食地瓜則可免中毒，分配同組之伙伴必須相互照應及提醒，隨時觀察伙伴行為舉止或回應是否異常。

　　雖入無人之地，但因避免野生動物誤飲溪水中毒，最前二人攜槍擔任前哨，專責下游安全維護。第二組為健腳勇士，專責聞藤毒快速逃往下游之大型魚類（'eyou及sukase）、第三組為苦花組（選取大隻）。第四組為鰻魚組，因鰻魚最耐毒，為水中最後受毒性影響的魚類，若水面出現混濁為該塘水有大鰻魚，其出洞後會游至岸邊將頭伸出水面，自製魚叉常承受不住，採用倒勾勾其上岸，若是大過手臂，為安全起見會以槍枝霰彈射擊。另後勤小組負責收集、搬運及分類漁獲，再以粗鹽清洗處理、燻烤等。

竹筒烤苦花內臟，其較黃蓮爲苦，爲耆老之最愛，敬老爲鄒族傳統美德，必須留予部落耆老享受。漁獵工作結束，團體回程不再有任何狩獵行爲，人無惡念，野生動物似有靈性，常能近距離接觸相互對望不懼人類。

模仿與學習

年幼無知的2位國小三年級同學（'Iusungu與筆者），假期相約午後毒魚，2人皆以維護（修）水管爲由（因傳統水管以麻竹剖半相銜接而製，竹水管易爲枝葉、青蛙、蛇堵塞或爲落石擊中而溢流），並約定各自沿途覓毒魚藤，至兩家水管源頭毒魚，依標準作業程序，如地瓜、鹽巴及下游安全皆按照步驟來，水管源頭亦移離河水暫停供水，避免有毒溪水流入住家及稻田，計畫僅毒一塘水（屬小塘水），作業完成卽現場上方塘水邊烤魚、游泳戲水後，再到吾家稻田玩風笛、彈弓等。隔日且傳出方家防毒槽之苦花（yoskxaxlx）、稻田大肚魚（Zako）、土鯽魚（funa）及泥鰍（tozoo）全數翻白，心想不妙，但左思右想，明明水管源頭有搬移離水且架高，爲何仍發生不該發生的事？因本次意外被訓 a'xmtx snooknoko ci'o'oko（眞的是像個水獺的小孩），並遭到不得單獨下河之禁令。

蛇之吻

東部測量時眼鏡蛇及青竹絲最爲常見，蛇與其他動物最大差異在牠無聲無息，牠比人類更敏感察覺彼此的臨近，但牠較親近人類，尤其是眼鏡蛇，總是忽然現身在跟前或側邊，最常見者爲其由路之上側坡面，情急越過道路逃向路下側面，人則以爲被攻擊而心驚膽跳，甚或彼此誤解及至相互傷害，野生動物皆應有此共通性，絕少會主動攻擊人類。

測量時臨近「抱崖」，正值中午用餐時間，因位處背陽面，

取背袋飯盒坐在石頭上，腳踩剛剛砍除之雜草，開始享用午餐（山區工作皆各自尋覓適當位置自行用餐），才吃數口，前伸的右腳跟忽然感覺有異，赫見一條小赤尾青竹絲頭已鑽入破洞之雨鞋後跟，我用族語叫一聲fkoi（蛇）！多人不以為意（因見多了），僅臨近之安大叔取木棍緩緩走過來，始知麻煩事，即調頭找藥草，數人穩定心情，當時動也不動口含著白飯，眼見牠長長的身軀緩緩進入，當蛇往前無路，些許推擠無效，又往上不通而又折回，牠不動時，試著腳趾稍動一下，此時莊耆老用族語溝通概述：「對不起！地上之王，是我們驚擾你，那是我們看不見的小孩子身體，為免受無意或眼瞎者的人們傷害，請走回原來的地方，回到您的處所。」（看不見或眼瞎者皆係巫師之用語）約五分鐘已是滿頭大汗（冷汗），其確定我不是牠的媽媽，出來後直接回石洞方向，始鬆口氣，但最經典的是，右側石頭角邊尚有二條，我應是坐在蛇洞口，正值蛇媽媽放風時。

又臨近「多美麗」營地測量，回營時順道取木頭帶回當柴燒，此乃工作伙伴們自動自發的常態性動作，數人邊走邊唱歌，忽然感覺右手掌背面有東西，腳步停住請後方的莊明華看個究竟，其輕輕說一聲：“okono-fkoi!”（是小蛇！）為安全考量，當於手背滑行中不能有任何動作，當腳步停住牠也停止移動（行進中才會有動作），待其離開數秒後，即用力拋開該梱木材，研判其應是在枯木洞中未及時離開。的確！當無可逕自改變環境又無從脫離時，則選擇沉穩應萬變，可免自陷危機。

猴王與猴群

測量至小河溝，一陣腥臭味撲鼻而來，耆老說這特殊氣味像是死猴，眺望上風處蠅蜂群集飛舞，經小心繞過確認為死亡猴隻（實則查看是否尚有可取之處），推斷死亡原因的兩種可能，一為打群架，二為bobitano及yameomx（傲慢及示威）搖斷腐木枯枝落地死亡。

猴子爲群居動物，新生未斷奶之幼猴會緊趴附在母猴身上，據鄒族傳說中，當母猴跳躍時身上幼猴若不愼摔落，若爲雌猴必定會找回，但若爲公猴，則不予理會，任其自生自滅，若能獨立生存順利成長，壯碩的成猴便稱之爲mituhaci（單隻存活獨來獨往的落單公猴），牠不太會遠離熟悉的環境領域，且以臨近峭壁爲窩，自有一套求生保命法則，當與猴群相遇時不免是一場惡戰，聰明的大公猴自知英勇卻難敵猴群，會逃離現場計誘yupa teoskunu（相互驅使壯膽而攻擊）猴群追逐，當退守至懸崖邊最後一棵樹之最末稍認爲最安全樹枝時，此時僅能有一隻猴子與其正面攻擊，另三面無可夾攻（卽猴群無法群集攻擊），此時正是猴群中正值年輕壯年猴，爲建立在團體中地位，可極力展現個自實力機會，以一對一方式輪番正面攻擊，必然不敵mituhaci（落單公猴）而敗落山谷死亡，所發現三隻卽爲戰敗公猴。

曾在里佳溪源頭探愛玉子時，方新朝、湯達英等數人循小溪而上，在斷崖上側聽到猴群爭鬥吵雜聲，大夥駐足靜觀其變，最後果然如前所述摔落三隻大公猴，約半小時猴群離去，但mituhaci（落單公猴）並未離去，研判山壁洞穴爲其窩居處。牠看見我們在谷底，便發出低沉的buetngou（警戒抗議聲），動作似爲勝利王者之勢，當方長老用木杖若似持槍對著瞄準，牠卻以火速往上移位，再見到牠時已在峭壁邊緣最高處搖樹示威，才一會兒卻不愼搖斷枯枝，騰空而下摔至近10公尺之岩石上。

電筒照射人的眼睛會發光一說，於常態下爲無稽之談，因人類非夜行性動物，理論上人跟獼猴一樣眼睛是不會反光發亮，但依耆老傳說且不無可能，因鄒族有所謂之fngxfnga（動物靈魂附身勢弱者），鄒族獵人寧可信其有，故任何鄒族獵人狩獵（不論日、夜）再三認確之動作至爲重要。

持燈進入原始森林，可以同時看見的光點多半爲遠處之星星、燈光或近處蜘蛛、水滴珠，更可能爲野生動物之眼睛。此時關掉燈源，仍見光點必然只是遠處之星星或燈光；若再開燈，增現的光點多半爲夜行性動物，但仍必要分辨是爲何種野生動物或

為蜘蛛、水滴等。又為何只見一隻眼睛、三隻眼、或眼睛一大一小及不對稱？又若是位處地面則必須格外謹慎，新手常情急而誤射傷人，尤其是臨近人類活動場所，如道路上、獵寮附近、獵寮內，必須再三確認。該不該這個時候出現、在這個地點相遇，耆老訓誡：「如二次緊閉雙眼、快速移眼再確認、甩頭或咬舌清醒自己或學鳥聲、吹口哨、大聲咳出訊息傳達，為鄒族獵者之入門。」

　　古道上深知曾有多少先人，不同時空踩著同樣腳步悠遊怡然，且步上不同的宿命，天際白雲、路邊巨木似欲吐露曾發生多少可歌可泣的往事，古道上、臨近遺址或漫無人煙的原始森林中，常會有無從壓抑自然特殊的心靈悸動，就耆老智慧傳承中，誠能理解彼此間應有之分際與尊重，諸如偶在深夜靜寂無聲又無照明暗夜中，所引起之似動知覺反應、如泣如訴聲或清晰叫著你的名字，但當注意聽時且戛然而止無聲無息，是內在心理的矛盾致生莫名感受，但就是怪到不行的感覺，山賊易去心賊難除，平日不做虧心事，就當作與你磁場相近投緣吧！

　　就如耆老所言，任誰都不願相互見著，一則讓路、二則開罵、三則祈山神、四則敬酒，依循當時情境及個人感受而定，寧可信其有，不可信其無，若身上帶酒則必取而敬之，若非熟悉的環境讓路之，就如鄒族傳統之鳥占概略四種訊息現象：cahcaicici（警示）、engaho（告知）、peeteongo（半喜悅）、tmusansango（報佳音），若遇繡眼畫眉由上而下cahcaicici（三聲）飛過，則「人」必面壁側身或離開道路相讓之，若想散散步（上山狩獵）則必然回頭擇期上山，鄒族人是篤信之，謹分述后。

　　測量其間，在已長滿高大蘆葦草的廢墟山陰駐在所古道邊，數人搭寮路邊生火為營，pasuya（杜宗源）其左腳橫跨路間，於深夜睡夢中清晰瞧見到有群陌生人匆匆路過，睡眠閉眼中意識清楚，要取手電筒欲看清是何人，當已拿到電筒要按住開關照的同時，Pasuya叫聲："kx! kx! kx!"（鄒語之痛！痛！痛！），分秒不差小腿抽筋，耆老合理之解釋，為吾等之疏失，故於山林中必

須離開主要道路歇息或紮營過夜。

　　meevomx（鳥占）：卽帶vome（陷阱鋼索），去se'vana（屋外路上）去聽oaimx（鬼鳥—繡眼畫眉）。

　　鄒族耆老的誡訓，鄒族男子自幼必須要學習欣賞鬼鳥歌聲：

1、tmusansango-hi- hi- hi-
　　（係報佳音！快樂安心的出門，絕不虛此行。）

2、peteongo-he- he- he-
　　（會逢雨淋身或喜逢酒局，歡樂之訊息。）

3、engaho-sasisai he- he-
　　（未來訊息預告，位處遠近及大小聲預測其到來時機點。）

4、cahcaicici-cici- cici- cici-
　　（不佳警訊，此行有危險，必隨卽折返。）

第四篇　西段測量生活點滴

塔塔加至八通關路段

　　新中橫公路西段爲「塔塔加至八通關」，直線距離應不及
20公里路段且設營五處，其艱險及困難度應可想像。前於1977
年八八風災前特偕內人，兼程重訪八通關大草原營地及至秀姑巒
山，一圓其20餘年之屢屢聞聽測量故事之好奇心，更可補強鄒族
傳統領域之認知，如鄒族所謂mohkuv'o ci c'oeha（流錯方向的河
流）及鄒族mayasvi（團結祭）諸多祭歌先人足跡所詮釋之內涵。

　　塔塔加至八通關五處營地，第一營爲上東埔之東埔山莊、第
五營爲八通關草原日本駐在所遺址廣場，故中間尚設三處營地，
因極爲艱困之地理環境及天候變化瞬息萬變，絕然不同於酷似遊
山玩水的東部測量。

　　西段測量，經目前玉山國家公園管理處塔塔加遊客管理服務
中心前隘口橫切朝東，越過玉山登山口下北側之東埔古道，再橫
走朝向西峰、北峰凹谷及北北峰下側，上沿金門峒斷崖至往八通
關大草原之方向。因地形環境，行走路線及測量路線各異，測量
路線必須維持一定穩定坡度線道及方向，任何路段無可迴避，原
住民弟兄此時充當裸姆，維護機具及工程人員之安全；另則必須
考量隨後各組工作人員及後勤補給人員，而依地形開出勉強可通
行之小徑，故自第二營地起，高繞、下切、垂降、攀岩及積雪等
皆常見，步步驚險。

　　tataka（塔塔加）在鄒族謂在高處的寬闊之處，對鄒族傳統
領域位居極重要之位置，塔塔加鞍部位處現今玉山登山口，卽介
於玉山前峰、鹿林山的山坳地，往北可通往東埔古道、往南可通
往楠溪之林道，及阿里山通往玉山、鹿林山往玉山前峰、西峰之
交會點（早年設有紅色鐵皮避難屋），明確的說，係玉山山脈及

阿里山山脈支稜之銜接點（北側之八通關為玉山山脈與中央山脈支稜之銜接點）。該區採鄒語tataka之音譯塔塔加定名，為觀光之行銷，玉山國家公園管理處將塔塔加區域擴大至塔塔加外圍，就如同阿里山茶，原本僅臺18線阿里山公路沿線，即從賴頭至石桌及鄒族部落為產區，為傳統之阿里山高山茶區行銷及觀光區，除阿里山鄉外，將梅山、竹崎、番路等鄉低於1000公尺海拔之各茶區，皆納入為「大阿里山茶區」範疇。早年鄒族稱oi'ana係指山美及新美二村（茶山尚未成村，屬新美的一個鄰），阿里山國家風景管理處為便於區隔，始有南三村及北四村作劃分鄒族部落。

西段測量「塔塔加至八通關」沿線搭設五營地，謹分：第一營地：東埔山莊；第二營地：滴水營地；第三營地：落石營地；第四營地：寒冰營地；第五營地八通關營地。簡稱「塔八」五營地分述如后。

第一營地：東埔山莊

東埔山莊可歸列為奢華之五星級營地，上、下層通舖，又可蓋二床厚重棉被，至少尚有水可洗澡又不必為伙伴們時刻高度警戒。每日往返步程及時間雖比較長，但來回路況較佳，測至往東埔古道後（塔塔加往東埔之古道），便每日取道東埔山莊往玉山登山口之林道至塔塔加玉山登山口，順往東埔方向古道下切，再右轉橫走往八通關方向，沿路可見tpoi（高山箭竹）、haengu（芒草）為較可見之低層次植物，表面目測為平整之斜坡面，但實際穿梭是絕然迥異，像極是明星之素顏，粉絲會有著真實及唯美的失落感。

第二營地：滴水營地

前曾同莊明華利用數日時間，持槍循山羊路徑，探求可能水源及可紮營之處所，至第三次前往始覓得，已是上天垂憐，尋

獲一斜坡，斜坡上方密林無處所、下方爲萬丈深淵，幸好不太偏離測量路線、近數年尙無大量落石及大水沖刷之痕跡，屬較安全之處（實也無從選擇），斜坡面可分設數個小營帳，有些必須架高支撐才有空間。地表植物、地衣及動物飲用水痕，看似長期之esbobuka（石縫冒出之潛伏水）水源，於是便於靠山壁處挖掘水源，並用雨衣在鋪底築設二小池，並建置可搭營帳、炊事帳（營火晾衣）處、茅坑及緊急避難方向。

　　本區測量耆老改變原有可在山中大動作及高聲相互呼應吼叫，避免發生因動物被驚擾緊急逃離而滾落石頭。因天候及交通因素無法正常運補情形下，自二營地之後食物常欠缺，就地取材乃屬必然，耆老會祭拜山神允予自給自足，山羊及帝雉陷阱各二門隨機施放；偶會聞到野生動物氣味或屍臭味，常爲落石或土石流擊中，耆老總會要我們嘗試尋找，是安魂或是取用，因鄒族傳統認知，野生動物皆屬山神之飼物，且山林之活動皆屬山神所眷顧，故若能覓得應屬山神之恩賜，且鄒族絕不浪費食材，尤以鄒族人篤信ma'cacei（占夢）及ma'vazomx（鳥占），有收獲或有危機皆有徵兆，甚多案例不得不學習注意，生活周遭之每一徵兆、警示及其關連性。

　　在此最能值得學習的是每次取水，必途經岩石下曾爲山羊窩之石頭下之小傢伙，papua（蟻獅）會將砂土翻鬆成漏斗狀之沙坑，再倒著入坑式的等著獵物，當獵物經過時沙子就會往下滑落陷入，輕易爲蟻獅守株待兔之囊中物。我常刻意破壞觀察其行爲，頓時發覺牠才是狩獵高手，鄒族耆老對papua（蟻獅）沉隱內斂、行動迅雷不及掩耳擊獲獵物之技能及智慧推崇備至。

第三營地：落石營地

　　測量路線越深入越刺激，常爲作測試下方深度及高度，往往一顆石頭滾落相當時間始聽見聲音或根本聽不到撞擊聲，時見千百年石河，雪地大小足印常是清晰可見，爲長鬃山羊之天堂。

進駐第二營後隨即找尋次一可駐紮營地，多採爬樹、陡升高處或找巨大岩石，目測未來可能方向，再採高繞或下切前往預測方向目標處。第三營約二日覓得但不甚理想，第三日仍在越過前述預訂營地二小時後，因覓無水源且同樣落石之慮，最後仍回到小溝落石區間有少許可用之水源，該區係落石區下側為深不可測之山壁，但尚有零星樹叢遮蔽，營地分散擇安全設營（若大崩塌皆不安全），除狗熊及山羊在夜間會在崩塌上側打招呼，及若似地震地所引起輕微落石外，幸未有任何重大狀況。

折枝辨識

覓營地時驚見石洞獵寮，洞內獵具已嚴重腐蝕，有sapiei（木製陷阱踩板）、sikotva（竹製陷阱固定竹）、pupuzu（火塘）及cailx（三角爐石），可辨識出為鄒式獵具，是久遠鄒族先人狩獵石洞獵寮，而石洞左側，佈滿成堆山羊排遺，莊者老表情嚴肅的囑咐不得入內及碰觸任何物件，於洞外用他的保命酒bispueho（敬神問候），頓時百感交集寒毛卓豎，但祭神時且不由自主的轉而熱淚盈眶隨之平復心情，極少此種自然、順暢、和諧卻是莫名的心靈轉換。

偶見唯一勉強通過之山羊路進出口處，傳統鄒族獵人離開主要山路後，是不用刀修路，為辨識所走路徑，是採用「折技辨識法」，曾折斷的細木條彎曲成長並已變粗。於覓營地同時曾施放一門套頭陷阱，隔三日路過巡視，陷阱一頭山羊已於前一夜遭支解啃食，前夜聽到之熊笑聲或許是向我們道謝。

野生動物爭食誤入陷阱之獵物實屬常態，如尚未飽食受驚擾，則對人類極為不利，人類接近時其實牠早已察覺，但未作任何行動，或許會假裝離去，但也會有突如其來的致命攻擊，故陷阱獵物若為新鮮之活體支解，不論是否見到現行犯，宜選擇靜靜離開，可別心存僥倖，因腥味早已傳四週，狗熊、雲豹、石虎、野豬，或已隨侍在側，或你的到來使其迴避窺視（當然亦可位處上方位置，砍倒樹、吼叫聲及滾落石頭製造燥音，先聲奪人威嚇

其離開但仍不宜久留）；但若獵物僅是屁股有傷口且尚未斷氣，必然是黃鼠狼所為，黃鼠狼可活生生自肛門鑽入飽食，次再引來其他臨近肉食性動物爭食。

　　三十餘年前，軍旅生活剛退伍之sinzi等數人，該行程為莊大哥楠梓仙溪處女行，我們取道smoevoi（衝下之意—地名），即急陡山路，為部落前往楠梓仙溪最近之傳統小徑，單程約需8小時，探夜間行動俾便順道狩獵，當行至陡坡處，忽聞山谷慘叫聲（原始森林偶會聽到），類此聲音多係被黃喉貂追逐逃命之山羌，當我們循河溝而下，行至山谷，忽見過溪石頭中顏色有異，再仔細觀察，原係剛摔落之山羌，臀部已為黃鼠狼咬數口鮮血直流，研判因情急逃命墜崖，感恩老天在又餓又冷時雪中送炭。

第四營地：寒冰營地

　　位居玉山北北峰下，艱困惡劣環境中求生存，再往前推進數小時即可達金門峒斷崖右側及源頭，若至八通關紮營，則距離過長及路況風險過高，便回頭選擇終年不見陽光之背陽面溝渠為營區，至少無需面對土石流及落石之立即威脅，大夥慶幸之餘輕忽一件事，該區為北北峰最凸出下側之山窩，該區近乎終年不見陽光，雲杉等大樹多高大挺秀古木參天，其他皆屬背陽樹種，但為水源及可紮營無從選擇，溫老先作簡易a'svi儀式，推石再夢占是否可建營尚無礙。第三日就推進本營地，剛移營時正逢下大雨雲霧瀰漫、衣服濕透，距天黑不及三小時，所見四週枯木雖多但皆濕透，根本無從當柴燒，專責伙食人員束手無策，又隨著漸晚溫度急速下降，且霧散風向變化大，夜間若無火烤衣取暖後果嚴重，若有水土不服或重大傷患將是嚴酷的考驗，莊耆老喃喃自語：「能如何後送？」因已行至北北峰西側山谷下，前無路通往八通關，回程塔塔加極為艱困，耆老深信鄒族山林之神，就連古時在此活動的祖先，皆併邀請協助護佑全員安全，除逐日採以臨深履薄之心，早晚皆隨手奉祭，夜間占夢。天色逐漸昏暗之際，

着老帶領我們繞徑前往陡坡峭壁，選擇硬質生木砍回當柴燒，耆老選擇樹種，由我們攀岩伐木施行再擲入山溝，再由工程員負責搬回營地。

上無源頭的小溝，怎會有流過大水之痕跡？昨日之大雨尚無匯集如此大水，上游也無廣闊之集水區，夜闌人靜卻有莫名的不安，約在清晨二時仍輾轉難眠，強烈疑惑縈繞揮之不去，因吾營帳設於最上側，近數年最高水線邊緣，可躺二人之斜坡面警戒，並用細繩綁住空的鋁水壺作為水位標記及警訊，約近四時有風無雨，但水聲頻率異常，鋁水壺隨即撞擊聲響，小溝急速暴漲，果為融雪造成！此時下側營帳淹到底部，上方又為厚厚積雪重壓帳頂，上雪下水眞是難得之經驗。隔日停工改建高架營帳，以歷年最高水線為基準，高架底層增舖樹葉，自後一夜好眠。因工程人員多人已明顯水土不服，又因地勢褶皺險惡，無可採人工逐段量測，改採岩壁或塌地兩岸對測，而測量團隊仍然必須上繞下切行動緩慢，數日後高繞金門峒斷崖上緣直探八通關營地。

鄒族用語不論是a'asvi（建屋擇定地之堆石占卜儀式）、so'hongi（留置身邊之物作標示）、a'honga（就地取材，取物置放作標示）、tomohvi（立柱綁物，有指示方向之標示），常用在上山狩獵時沿途收穫暫放定點，並放置個人物品或製作標記（示），回程時始再取回等，對鄒族而言，任何標記標示皆具某種特殊意涵，是族人個人單向意思表示，諸如原住民在山區發現石縫中有蜜蜂窩，便會四週整理適量取蜜，再a'honga（作標示一已有主人），或發現河對岸之sngxcx（黑尾虎頭蜂）而製作tomohva（標示一意指那是我發現的，是我的），此乃傳統鄒族社會約定俗成，不明文規定卻是人人遵守的道德規範及傳統習俗。夫妻曾經年輕，相知、相惜、相戀，現在已年長了，我知道你對我好，我也喜歡你在我身邊，但當我「煙斗當髮簪」標示時，就是請你不要打擾我，這也是鄒族溫馨柔情的習俗約定。

極少數外來者卻依循「標示」逕行竊取或公然強行取之。於山林中的確，論法，其並未觸法，但卻是擾亂原鄉優良傳統社會

秩序，是超越本我的道德制約，故不論身分或學歷，不同族群文化皆應相互尊重。

第五營地：八通關營地

　　傳說鄒族（曹族）祖先原住於玉山之巔，鄒族稱其為Patungkuonx（原指玉山，意為發亮的山或石英之山，因不論有雪或無雪，會因陽光折射角度產生耀眼光芒）。清朝吳光亮總兵帶領修築古道時，因八通關大草原戰略地形為隘口要衝，卻可四通八達，沿用鄒族的語言（或為音譯）Patungkuonx謂八通關之說迄今，唯鄒族人Patungkuonx依舊是玉山。

　　測量時之八通關營地，駐紮原日本駐在所廣場，即八通關通往玉山主要道路，位處平坦安全野地露營區，水源在下側長滿箭林之小窪地，惟為飲食用水之安全，必挑選其中「野生動物常飲用之塘水」。

　　八通關為荖濃溪及濁水溪源頭之分水嶺，為中央山山脈與玉山山脈唯一銜接點，曾為鄒族傳領中之北疆重要據點，鄒族稱之為nvavaiana（兩側崩塌之處），該區有非常壯觀之大草原、日本駐在所遺址，及堪稱臺灣之最的金門峒斷崖，鄒族稱suesuana（地質稀鬆之處），原測量路線即由塔塔加方向橫切斷崖至八通關，所幸未開成，否則必成國家財務之無底洞。於2009年自八通關古道關高段隔岸觀察，金門峒斷崖右上側呈現有如山水墨畫，往上綿延千餘公尺土質鬆動奇景，也隱約可見當時測量橫越之險境，不由感嘆年少時自命不凡膽大妄為的無知。

　　此營地應同第一營屬非常安全之營地，然平靜中之不平靜，屬敏感體質的莊耆老，半夜常不經意聞聽多人之對談或群牛奔馳，但仔細聆聽卻又無聲，連數日皆然，此其要求停工祭拜及遷移營帳之主因，當時絕口不提，避免不必要之心理因素，並罕見的召集族人特別注意自身及全隊之安全，尤其不得單獨行動。

　　第五營地之補給改由「關高」補給，卡車可運補至關高，由

伙伴們前往採人力負重運回營地，測量結束時，亦自「關高」搭乘尖頭大貨卡，行駛郡群大林道經信義返回嘉義，可謂圓滿結束生命中與伙伴們共同譜出如夢似幻的奇幻之旅。

第二至四營地之後勤支援人員，至少負重40公斤以上，循著極具挑戰性之山路（獨木、垂降、攀岩、繞徑、夜行），運補測量糧食及各項必需品，渠等始謂之真正勇者，雖未曾謀面，但於第四營地，收到不知名勇者之禮，已被擠壓到不成形的半包土司，深夜每人不及半片分享，當下亦莫名的熱淚盈眶，憶其依舊是全世界最可口的麵包，於此終於能道出陳年對不知名，布農族勇士塵封多年ma'veoveoyx（感恩無限）之心願。

高山水鹿秀場

水鹿為中央山胍之主要大型動物，在早年尚未有保育觀念，入山未有任何管制，火燒山及登山客干擾等因素，其對人類保持高度戒心。耆老告誡：「我們有食物不可傷害或捕捉。」1980年八通關之水鹿與2010年南湖大山山屋週邊鹿群，雖同屬深山，但與人類之親和距離卻有相當差異。

八通關大草原之午夜是皓月當空星羅棋布，地平線上偶會發現遠處之光點，但距離稍近則快速消失，而日間在較隱密樹林邊緣則常見大量排遺，顯與人類保持相當距離。經2010年再度造訪南湖大山，離南湖山屋不及50公尺處，山友隨處小解、亂倒廚餘，而我為引誘鹿群讓隊友觀察，也在定點放鹽巴（這是不良的作為），但並未告訴任何人此舉動，在午夜聞聽有動靜便叫醒隊友，已數十隻成群搶食置鹽處，山友近距離拍攝照相，小鹿及母鹿似較親近或是不怕人類，公鹿警覺性甚高，始終佇足近100公尺處觀察，若鹿群過度親近人類，則發出連續「嗶！嗶！」聲，然後矮箭竹林草原上跳躍奔馳，近300公斤以上巨大身軀、頭頂粗長成叢鹿角仰頭直衝過來，約近身30公尺前跳躍急轉彎，於跟前不及20公尺越過；為屬警示及驅離同伴之動作，唯身歷其境感

受臨場震撼感，鹿群則在箭竹林斜坡上，向同一方向跟隨母鹿往上坡狂奔，但跑不及100公尺全數停住回頭，公鹿則停在右側100公尺外調頭警戒，與臺灣大型野生動物，平和、近距離接觸尚屬難得經驗。

山神情急索取之物

玉山一日遊，皆為臨時起意，以林務局林班砍草工人之名將車停放玉山登山口tataka（塔塔加），成員為鄭清金、吳新生、林博偉及筆者本人，原本僅至阿里山探望任阿里山閣經理之表弟（Voyu），但隨後三個大人心血來潮，便有如此不智之舉，以三人體能單日往返非難事，惟尚讀國一自幼居住都會區未曾爬山之姪兒傅偉之續行力及高山氣壓之承受度令人擔憂，果不其然，行至巨石區第一次出現高山反應，停下休息調適，一路調適良好（必須隨時觀察其氣色、嘴唇及舉止反應）。

每人手持一把傘，遮雨、柱杖兩相宜，為防萬一囑付沿路找手套及塑膠袋，過排雲山莊不及一小時處路面初見殘雪，四人皆著布鞋套塑膠袋，在雪地較滑必須格外謹慎，氣壓無礙，而是過度謹慎，謹小慎微而耗損腳力及心力，幸有手套否則雙手必凍傷及喪失知覺，而無法挖雪及抓握，小姪傅偉實已耗盡體力，非有足夠堅強之意志力，對未曾登過高山者，著實難能可貴。最後從數10步停下休息一次，到2、3步必須爬坐休息，小傅偉紅著眼顫抖嘴唇，新生及清金隨側相伴不時一前一後扶持，吾挖雪築路找鐵鍊，見狀無不心疼，但若放棄，但近在咫尺若放棄了日後必將捶胸懊悔，又不知何時再能上到這裡，大家所想如出一轍而濡沫涸轍鼎力扶持，不及十餘公尺全員一定要上去，但吾所想的是，能否挖到鐵鍊，有它才能順利登頂。

前在風較緩區短暫停歇，不慎從新生背包掉落一罐裝飲料，新生情急順勢想快速撿拾，吾隨即嚴厲喝住「不可」，因鄒族長輩教導習俗中，尚未奉祭前，手邊不慎掉落之食物為山神情不自

禁的索取，尤其卡在險峻陡坡的雪地，潛藏著極高之風險，萬不可有「自私」的想冒然取回之念頭。

　　回憶起，在八通關越嶺時，行至駐在所休息午餐，見在小'Atomo依然嚴重疲憊不堪體力透支，筆者取出最後二粒蘋果，不慎滾落一粒便不急不徐淡然處之，順道以鄒語說："zou nahoo aiti si osko xmnxa."（就看您喜歡的那個——分享給您請笑納。）另一粒就給'Atomo，但她並不獨享，那麼小一個蘋果，她還切片分享臨近的每一個人，最後她只吃最後一片，當時心想，「分享」是原住民共通優良的習俗文化，本身就不舒服，但有如此懂的分享之現代小孩甚是難能可貴。

　　上至玉山峰頂，因當時雲、霧、風、雨、雪等熱情齊放同時迎賓，為避免任何一人受涼，祭拜山神後，前後停留未及5分鐘即匆匆下山，順利完成卜行成年禮不可能之任務，後因博偉工作腳傷，常以「還好！曾經上過玉山」自豪。

鳥叫前回來

　　測量駐營八通關，放假停工時耆老允許上山探訪聖山，惟囑「鳥叫前」必須回營，便伴隨未曾上過玉上之三名伙伴們上山補行aop'ato（晉見山神一成年禮），同屬山林子民並無氣壓及體能之考量因素，沿途取適量木柴及捕捉二隻小鳥，數小時未曾歇息，期能在展望絕佳情境中，抵達山頂朝東向以保命酒bispueho（祭拜山神）。皇天不負苦心人，抵達山頂吾等尚有足夠時間，便於背風面于佑任銅像邊用石頭圍出小洞煮麵、烤小鳥、配花生及喝保命酒，採半狗爬式用餐，並爬至銅像雙肩，如果于佑任國老是臺灣第一高人（4000公尺），則臺灣原住民才是臺灣之最。

　　展望景觀絕佳令人心曠神怡，更可鳥瞰東埔方向直升機背無聲緩緩移動，惟玉山避難屋被風吹的震曜作響甚是煞風景。雖烈日當頭，但依舊禁不起冷冽寒風，為搶先急速變化之天候而速速下山，入林前回眸一望，峰頂已雲霧籠罩，山神護佑至營地開

始電閃雷鳴狂風驟雨。當時臺灣尚屬戒嚴時期，山區列屬甲種或乙種管制區，且登山活動尚未風行，紮營八通關期間極少能見遊客上山，相較於現今，每每自阿里山山脈之tpotpoi（脈脈山）或moatbukeu ta yabukiana（雞子山）看日出，mose'ohngx（東方初白尚未亮）前，遠眺玉山下，陡坡面路段長條蛇燈籠綿延，緩緩向上移動可謂之為奇景。

人類對玉山，因主觀意識而不同之理解或定命，僅玉山名稱的沿革與變化，即可為臺灣史的縮影，看到臺灣多元族群的包容，也看到外來政權的嬗遞更迭。而玉山，她依然是她，她不會因人類的定名或競相主張擁有而有所改變，我們有緣同在福爾摩沙美麗島上，實應手牽小手休戚與共同舟共濟，凝聚成同島一命之生命共同體。

強求不得

前曾一家四口隨團取道水里信義至塔塔加，參與三天三夜之玉山—八通關—東埔之登山攝影團隊，最主要參與目的在，帶子女補行玉山成年禮，心想沿途攝影，應為屬行動緩慢之自由行隊伍，對小孩尚不會造成壓力或體能之負荷，不料天公不作美，自登山口即著雨衣，外大雨內小雨，宿住排雲山莊更是徹夜雨未停歇，入夜時三人皆出現高山反應，幸遇同屬原住民（布農族）莊主，特別熱心招待，同屬原住民的朋友帶家人上山，不但讓出VIP房，並備暖爐及高粱酒暖身之溫馨（曾再前往，但其卻因事故辭世之憾）。此行三人皆不適，尤其是女兒頭痛、嘔吐到癱軟，吾端半碗湯，心想喝點熱湯應可較舒適卻未果，憶起最感人畫面，當時本就也才小四的弟弟，便接過清湯走近姐姐的身邊，輕拍著國一的姊姊細聲祈求的說：「姊！如果你喝一口，我就給妳100元，是真的唷！」姊弟情深溫馨感人。

隔日清晨仍大雨滂沱，為求全隊安全激辯群雄，吾非自私的擔心小孩，而是成員多非健腳，此地天候如此惡劣，更高海拔

必然更爲劇烈異常，尤其是強陣風、落石、濕滑及個體高山反應頭暈目眩皆無可預測，隨後幸有莊主之建議而回撤（之後全面禁止上山）。「排雲至山頂僅約二公里，即可完成期盼已久之成年禮，說來不免有些遺憾。「但玉山是不會離開，永遠在那等著真正有心的您，且玉山也喜歡讓你留下他最美麗的回憶，而非兇神惡煞殘酷的記憶。」記得我是這麼說的！

夜間苦讀爲入公所

二年之高山測量期間，常獨睡一人帳，無桌無椅下漫漫長夜，不論或坐、或躺、或臥，學貴有恒，每晚全力集中精神至少點燭看書斷續2小時以上，縱然有其他活動也必補足看書時間，而日間專背關鍵字，誓達考上公職進入吳鳳公所（現爲阿里山鄉公所）之堅定目標。曾具不達目標絕不終止堅忍之意志力，夜間火燭燈光不穩定又不足，在惡劣環境下看書，更要學習享受寂寞的習慣，極不願預作失敗之任何歸因。能深深體會古時鑿壁借光讀書如涸轍之鮒之困境，不免同也憶起小學時無公路、無電力、無電話，探以煤油燈或燭火看書寫作業，不堪回首卻是溫馨甜蜜的回憶。

1981年結束測量旋即隨同政戰科班，已退伍的Takasi及Sinzi二位大哥赴臺南考試，三位皆不辱使命，惟當時爲戒嚴時期，鄒族列屬臺灣原住民族群政治上之黑名單，少女情懷總是詩之南柯一夢，同屬達德安部落之三人皆無緣入公所。此處不留爺必有養爺處，Takasi大哥任職臺灣省曾文水庫管理局，筆者則流浪至臺灣省石門水庫管理局，Sinzi大哥數年後進入鄉公所。

重溫舊夢憶苦思甜，因緣聚會是上蒼垂憐，退伍時到中興新村阿姨家，時任主計處股長的姨丈，強力鼓勵報考人事行政並送考銓制度等書籍，長輩之用心銘記在心同時確立目標；考取後拜訪同住中興新村之amo-voyu（表舅）時，得知具任用資格隨即積極找職缺，隔日即通知要向桃園省屬石門水庫管理局面試，一切

突如其來更是驚喜交集，雖事與願違無緣入公所，但長輩的用心及千載難逢之機會，便騎乘弟弟送我的越野車DT風神機車，載著表舅瀟瀟的自南投中興新村，走省道北上石門水庫，累了半途休息河邊釣魚、野餐。數日後即正式離鄉前往報到，也不免親友慶賀，尤其極為傳統視為姊姊之兄嫂，為我準備甚多日常物品，就連六支衣架都備妥著實感深肺腑，背負軍用行季包走到達邦聚落中心（公路尚未通到家）再騎乘心愛的機車，取道大華公路北上桃園，當時路況皆石頭路確實相當桃戰，約每二小時人、車皆要休息。

解嚴後公所期望能回鄉離家近或謂為族人服務，無奈已成家，家庭妻小皆在外。當時家父曾訓示："naho fihto e'a'ausna to amomuconi, yophino ti'u'upa tola kici a'a'ausna..."（就跟著舅舅的說法，怕會被牽連到不好的事情……）當初心想公所為目標及熱愛山林，直認為是被家父趕出門而無知的怒氣衝衝，整整一年不回家，其後始瞭解其用心良苦，一則威權戒嚴時期，擔心年輕氣盛極易出事；二者未來子女求學方便；三者著力文化、族語必須求穩定之工作。其後為所堅持不渝之信念，故未作任何職場之遷調至退休，惟留在部落之兄長（Halu）、兄嫂（Sacko）及大弟（Pasuya）等，在醫療缺乏及交通不便之環境下，非常辛苦的照顧年邁雙親，而「家庭和諧」為二老之堅持，亦為吳家兄弟恪遵從不逾越，兄長兄嫂之有容豁達，備至尊崇，堪為傳統吳家之凝聚核心支柱。先是家父，後為大哥大嫂之bumemealx'sio!（意涵一小心謹慎、衷心祝福及高度提醒）為隻身在外之座右銘。塞翁失馬焉知非福，知福惜福才是有福之人。

1981年10月15日到石管局，時任職臺灣省政府建設廳之表舅，1984年亦調任石管局，舅甥二人便以臺北坪林為獵場，北橫公路45公里對岸原始森林中之小溪為二人之祕密基地，連同halu（小舅）持續歡樂數年，後因參與中山高速公路工程之族人，如voe-peongsi、pasu'e-fo'fou等人參與，祕密基地野外活動點逐漸曝光而喪失原味；另因阿美族人會循路找藤心，原為羊腸小徑修成

星光大道，尤其不知何族族人，擅入獵寮將預留存糧及柴火皆用罄。此地不宜再留，被迫上遷北宜公路51公里處支流建獵寮。之後併哈盆古道之哈盆溪獵寮、菇婆寮溪及外雙溪之鄒寮，合爲鄒族旅北同鄉會共同之野外休憩、填補思鄉情及分享收穫之活動場域，而每年皆併邀請部落耆老，至臺北pupuzu（火爐—鄒寮）作鄒族歷史文化、族語等課程之開釋解惑。坪林區及哈盆區著實爲筆者一家四口共同的回憶，也是旅北鄒族人集體訓練子女認識山林、傳統文化、道德倫常及鄒族狩獵、漁獵知識之場域。

蒙受上天恩澤，家庭、事業、族語文化工作一切皆順心，公職屆滿25年整即自願退休，全力從事族語文化志工迄今，目前更同吳家長老，全力協助執行部落族人，所無暇深入關注之族語文化深層領域，並採以回憶錄方式紀錄呈現，俾供未來族人作探索研究，耆老所示：mamameoi- mifeo；ceonx- teko iachia p'exsxseomi.（長輩們- 探路；路- 你自己踩平）。

探索山林——精彩快樂人生

「步行」運動是最能測試個體健康的試金石，而「登山」除體能外，恒心與意志力爲登高山成功之祕訣。能超自我、征服自己是人生最大的快樂。牽手yangui，自幼生活在平地，未曾有任何上高山活動經驗，筆者閒暇時不斷闔家郊山、野營、溯溪溪釣、山林古道行，圖以協助克服其對山林因不熟悉所產生之恐懼心理，逐步強化體能頗具成果可謂實證。

2006年退休前，即規劃帶內人走訪臺灣五頂峰（五嶽）之宏志，除強力觀念之溝通及平時的積極訓練外，每次行前15日前必同家庭山友「福哥及福嫂」，上合歡山四座百岳適應氣壓瘋狂堅定意志。臺灣最南端之百岳海拔3092公尺，屬排彎族及魯凱族聖山之「北大武山」爲其第一座，因當時尙未修整道路逢雨濕滑無比跌摔頻繁，而使其對高山產生恐懼，亦較長時間作心理之平復惟對大自然及高山之美，深深吸引久而克服心理障礙，終於

2011年完成臺灣五嶽（北大武、秀姑巒山、玉山、雪山、南湖大山）。內人常不由自主自豪及驚奇表情：「真沒想過我這一生能登百岳，且還完成臺灣五頂峰。」而其偏頭痛及胃痛之宿疾不藥而癒謂之奇。個人也常回想，若非為內人及山友伙伴，個人根本就不會有上不毛之地寒原帶（百岳）之念頭，因傳統闊葉林區才是原住民喜歡及認為最精彩驚豔又安全熟悉之環境。五頂峰之最後一座為南湖大山，完成目標開心的回程，離登山口約五公里松木林路段，內人邊走邊講電話報平安，卻不慎在安全路段跌摔翻滾，「連這個妳也會摔！」我是這麼說的。意外總會在鬆懈大意時發生足可為鑑。

　　30餘年前，同屬相近職業及羽球同好之北、中、南好友，自行籌組以百岳為目標之年輕組合，青春無敵的「陽光男孩登山隊」，年歲稍長後改名「陽光登山隊」，遂將隊名留給年輕山友，目前很認命的再更名為「陽光老芋仔隊」，依舊配合體適能選擇郊山或古道之活動行程迄今，逐月維繫著恒久的革命情感，朋友貴在真心的相互關注、包容及體諒，明知，能走一趟是一趟、能見一次是一次不可逆之道，內心深處不免有落寞不勝唏噓之感，但放下執念依然故我。

第五篇　鄒族傳統領域之概念

原住民土地之概念

　　傳統領域爲歷史事實的空間概念，泛指臺灣原住民族群從過去到現在曾經生活過的土地，土地上包含與原住民歷史、文化、語言、血緣及傳統有關的重要地點，又原住民傳統多以遊耕、逐獸而居，有遊移王國之概念，傳統並不涉及土地產權的問題。

　　約17世紀強權來臺之前，本島皆屬臺灣原住民之傳統領域無庸置疑，但優勢族群及外來政權入臺後，極短時間陸續爲各自所需逕作立法，改變數千年原住民對大地及土地認知概念，更不斷強制改變原住民傳統領域、限縮原住民耕作地及居住地，又劃設保留地爲原住民僅有「合法」可使用之土地。

　　根據原住民委員會的調查，全臺16個原住民族的傳統領域估約爲180萬公頃，約占臺灣總面積的一半。目前特別保障原住民的土地，只有1990年國家爲了保障原住民生計，立法劃設的「原住民保留地」爲原住民土地，而「原住民保留地」僅占傳統領域中的1/7。但因日本時期及國民政府初期，所劃定給原住民合法可用土地（保留地），顯已不符近百年原住民「人口成長」家庭生計所需及原保地之不斷流失，外加現代生活型態的改變，加速原住民外移謀生。今日國家政策轉型，強力推行林下經濟、在地創生及青年返鄉政策，原住民年輕子女同時也意識到亡族危機及強烈族群自我認同欲返回部落，原鄉卻面臨無地可耕作及無地可「合法」建屋之現實困境。

　　政府公告之傳統領域的六大類型爲：1、祖靈聖地。2、舊部落土地。3、現有部落土地：有時與原住民保留地重疊。4、墾耕土地：包含原住民開墾、耕種、遊牧、採集的土地。5、祭典土地。6、狩獵區：包含河川、海域。這些傳統領域，對原住民族

群而言皆具文化及歷史上之特殊意義。

　　臺灣民主轉型施政，政府應藉執行原住民轉型正義之國家
新政策，將臺灣大時代脈絡分時期、按階段作眞實的記述呈現，
尤其對原住民影響最深之日治時期（集體遷移及以番制番之策
略），更應區分：日治前、日治初、日治中、日治末期，及國民
政府承接初期、戒嚴時期、解嚴之後及至目前之實務。即臺灣土
地各不同時代演進過程，理解原住民族是禍及池魚之受害者，非
貪得無厭之加害者，政府皆應明確調查研究及分析檢討，並錄案
珍藏國家檔案，俾供學術研究或爲學校教材承傳。

鄒族傳統領域及獵場概述

　　臺灣原住民各族群之傳統領域及獵場，係同爲不同時空影響
及大環境變遷而不斷變動，50年前即跟隨家父作鄒族傳統領域口
傳故事片斷記述，並常於祭典活動中，長者於各家祭屋歡聚論述
祭歌內涵中，每每聞聽「主要家族耆老」口說傳統領域皆有相近
之論述，當時聞聽長輩們說故事並不在意，但年年重複著實尚留
有深刻印象。

　　原住民族群因早年無文字可載述，亦無公部門或專家學者所
研提過詳實之共通論述，曾記述或聞聽過之口傳故事，因欠缺驗
證性及公定性之支撐力（因畢竟僅爲不同時空或世代口傳之歷史
故事），而萌生放棄！遺憾之際，甚幸原住民族委員會於《96
年度原住民族傳統領域土地調查後續計劃成果報告》，所作研究
結論報告中，其中對鄒族傳統領域所作研究報告，正也與傳統鄒
族代代相傳銘心刻骨的傳說故事相對應，故而重拾彙整納入本書
中，期有助於對鄒族族群傳統活動範疇有興趣讀者之探索。

　　筆者僅作口傳歷史、坊間相關片斷記述、公部門資料可查之
明鄭時期歷史、原住民族委員會於《96年度原住民族傳統領域土
地調查後續計劃成果報告》及鄒族傳說中傳頌故事等節錄彙整陳
述分享。

鄒族口傳歷史及坊間記述

　　早年鄒族傳統領域及獵場，全盛期擴及西區雲嘉南沿海，東至秀姑巒山、大分、向陽山、利稻、甲仙、六龜、美濃、東埔等，謹彙整各類尚存蛛絲馬跡及節錄相關片斷記述，借以瞭解鄒族先人曾經活動之概略範疇。

1、「日治以前，當布農族尚未遷徙至此之前，拉庫拉庫溪流域原是鄒族的活動領域，直到勢力範圍觸及於此，且勢力逐漸高過鄒族之後，已成為布農族日後遷居的目標。約於17世紀末至18世紀初，巒社群（Takbanuaz群）約與丹社群（Takivatan群）同時遷向臺灣東部建立部落。」（節錄自維基百科，自由的百科全書）。

2、國立臺東大學華語文學系臺灣語文教師碩士班碩士論文《利稻布農族口傳文學及其教學運用》（中華民國九十七年八月，指導教授：許秀霞先生，研究生：溫永邦撰）：Lito（利稻）盆地的神話傳說——關於真正第一個在利稻盆地居住的住民，現任村長邱月梅認為，首先遷入利稻盆地居住的居民可能是北鄒族，也有不少人贊同此一說法。邱月梅說，環村道路開發興建的時候，曾經挖出一些石棺，根據石棺內陪葬的飾物以及埋葬的方式，判定為北鄒族人，最大不同除了飾物外、古代布農族人埋葬方式為坐葬，且皆將棺木埋於自家房屋底下，與在外環道路旁發現皆以臥葬的方式埋葬有很大的不同。（邱月梅，利稻布農族人，利稻分校教師退休。）

3、〈霧鹿國小畢業生的最後一堂課（二）：布農族遷徙十字路口　天使的眼淚——嘉明湖〉（中央社記者盧太城臺東縣2007.6.17電）說，18世紀後，西部布農族發生兩次大遷徙，第一次遷至花蓮的大分山，大約二百年前，大分的布農族第二次遷徙，開始往下遷徙至海拔一千至二千公尺的高度。到了嘉明湖後，一支往西走遷至高雄

桃源的梅山，一支往東到臺東利稻，一支往北至臺東加拿、龍泉一帶。布農族文史工作者阿力曼說，臺灣過去兩支高山族群——鄒族和布農族，兩族群同樣是奔馳於中央山脈獵場重疊，發生過多次激烈戰爭，善於高山作戰的鄒族勢力範圍一度擴張至向陽山，布農族在嘉明湖、三叉山、饅頭山這塊廣大的高原，展開全力反擊，終於在嘉明湖擊退鄒族，鄒族從此未再越過向陽山。

4、美濃舊稱爲「彌濃」，其地名之由來，有一說爲，美濃地方過去的先住民是曹族四社之一（取自〈高雄縣市各鄉鎮地名之由來〉）。

5、六龜舊稱爲六龜里，六龜里源自曹族四社番芒子芒番社名之譯音。民國九年改稱爲六龜。（吳國華等，《國民小學社會科鄉土教材之研究——認識高雄縣》，臺灣省政府教育廳發行，國立屏東師範學院出版。）

6、甲仙地區古時原爲原住民南鄒族的狩獵場所。清乾隆年間，原本居住於玉井盆地的原住民大武壠族人，因生存空間受到人口日益增加的漢族及西拉雅族所擠壓，紛紛往東跨越阿里山山脈而遷入楠梓仙溪河谷地帶，即今日的甲仙地區定居，最晚在乾隆九年（1744年）已有大武壠族人在此建立甲仙埔部落。原本在此地活動的卡那卡那富族及拉阿魯哇族，也因受迫而逐漸向北退入深山地區。甲仙鄉舊稱爲甲仙埔，是阿里山四社番大武壠頭社人所建。（節錄自維基百科：甲仙區簡介，及吳國華等，《國民小學社會科鄉土教材之研究——認識高雄縣》，臺灣省政府教育廳發行，國立屏東師範學院出版。）

7、楠西本地舊稱爲「茄拔」，這是出自阿里山四社群中「茄拔」社之社名，後來則改稱爲「楠西」，這是因爲本地在清代時是屬於「楠梓仙溪西里」，後來便將其簡寫成「楠西」，而成爲本地之地名（節錄自維基百科：

楠西簡介）。

8、荷據時期，高雄地名是1920年日本人將本縣原住民西拉雅平埔族的「打狗社」（Takau），改以日本發音Taka.o譯成中文爲「高雄」，本縣於17世紀荷蘭人入侵臺灣之前，是西拉雅平埔族的一支馬卡道族的居住地，至於近山及山地，則爲鄒族、排灣、布農及魯凱等族的遊獵區（取自歷史長廊高縣簡史）。

9、高雄縣市血統的眞相：從六、七千年前開始，全域都屬鄒族範圍，直到西拉雅平埔族從南洋及屏東小琉球漂來，先期在鼓山、小港、鳳鼻頭、大樹等地區登陸，待沖積平原形成後，在左營北部形成大傑顛社，在鼓山以南形成打狗社，稱爲馬卡道支族。平埔族和鄒族在此融和數千年，公元1400年左右，過著游獵生活的原住民，因所需生活空間大，人雖不多但也感不敷使用，於是涉過下淡水溪到屏東，向排灣族以物換地。各鄉鎮市基本血統的梗概如下：桃源、三民、美濃、六龜：鄒族（高山族）爲主要血統。本族發源於玉山，沿玉山下的荖濃溪、楠梓仙溪來到高雄。茂林：鄒族、排灣族、魯凱族。（取自〈高雄縣市血統的眞相〉，作者：沈建德、彭志勇，寫於2014年7月14日。）

10、南投縣血統的眞相：南投有布農族、鄒族、泰雅族3大高山族群，他們都發源於中央山脈，六、七千年前部分下山，之後和南洋漂來的南島民族接觸、通婚，所形成的族群和原來各自的族群有所區別，通稱平埔族，在此區者，和雲嘉地區一樣，稱爲洪安雅族。因鄭、清漢化成功，本族明明是平埔族，現都自稱是福佬人或客家人，部分的高山族也一樣。埔里地區，在清道光3年（1823）後，湧入北中南各地平埔族，成爲臺灣民族的大融爐、臺灣各族的縮影。南投各鄉鎮市的眞正血統大要如下：水里、鹿谷：布農族、鄒族，均屬高山族。魚池：鄒

族，屬高山族。埔里：鄒族、泰雅族，均屬高山族。集集、竹山：鄒族（取自〈南投縣血統的眞相〉，作者：沈建德、彭志勇，寫於2014年7月14日）。信義：布農族及鄒族（筆者加鄒族，因南投傳統本就有鄒族族群之存在）。

11、東埔部落Tungpu daigaz：東埔本來是鄒族魯夫都群的領域，約170年前，因爲鄒族勢力逐漸衰退，開始有布農族郡社群從東方郡大山東麓的喀塔朗社遷徙而來，最早的一批是四戶六十五人，他們與和社的鄒族相互通婚已有若干的時間，所以能夠從事和平的移棲。東埔部落在日治時期時，被稱爲「臺中州新高群東埔社」。「東埔」一詞譯自於鄒族語「TOMPU」，是「斧頭」之意，因往昔鄒族在此製造石斧而得名（取自〈東埔部落簡介〉）。

12、八通關（Pattonkan）其音譯是原住民鄒族（曹族）語中的玉山，傳說鄒族（曹族）祖先原住於玉山之巓，由吳光亮總兵帶領，由竹山、社寮兩地分別動工，約歷時一年完成，沿用鄒族的語言並取四通八達、入口如隘口之意（〈八通關古道的歷史發展〉）。

13、極盛之時的領域遠到荖濃溪、中央山脈東方，甚至今臺東、花蓮縣山地亦爲北鄒族領地。亦卽在這個時期，北鄒族會去東方居地附近狩獵，也得知臺東有如嘉義之平地，且有一大池塘，這一帶之平地，有一稱爲kabuyuana之食人族，又與之隔河而居者，爲maitayas族，以及叫mefucu的矮人族居住（黃文新譯ibid.：60）。mefucu（會捉小孩之族群）、sayuc'u（個小之族群）、'ouei、'amngu、taivuyanx及ya'azuonx等皆爲孩提時，聞聽長輩津津樂道（與鄒族人不同）的傳說故事。

14、其他甚多地名，如玉山（Patunkuonx）、八通關（nvavaiana）、金門峒斷崖（suesuana）、安平

（ca'haamu）、cikei（新康山）、maeno ne ciengona（塔芬尖）、spepea（向陽山）、tuhiune spepea（嘉明湖）、大分（kakatuana）、mx'caciku（數河交會深谷）、kokos'oza（闊闊斯溪）、'tocxhmana（利稻）等鄒族傳統領域中耆老曾提及的地名。其他年久遺忘或不確定不列述，經串聯思索，應可概略瞭解鄒族曾經活動足跡範疇。

公部門可查相關片斷資料史

1、鄭成功於西元1662年，降服荷蘭人進占臺灣。圍城之際鄭成功便巡視各社土番，對臣服之土番，賞給煙、布等物資，企求建立新的和諧關係以穩固政權。對原住民而言，鄭氏驅逐「強大」的荷蘭人，必然較荷人更為強大，過去臣服並效忠荷人甚至有時壓制漢人之原住民，如郭懷一事件原住民之立場角色，對鄭氏政權自然會有所畏懼。但同時也記載四社土番開始遷移流竄，焚燒紅毛文書，以避免鄭氏之懷疑迫害。可能就在此時，部分未及逃離臺灣之荷人及其眷屬，循著曾文溪谷向上游逃竄，進入北鄒族特富野群之lalauya（樂野村）部落，成為yavaiyana、yasiyungu亞氏族，一部分加入達邦群成為yasakiei亞氏族，注入新血統。

鄭氏治臺，父子三代僅23年，大致承襲荷制，如荷人之王田制度，改為官佃、官田及營盤，實際上是挾兵威進占邊緣，掠奪番地。鄭經繼位後，諸羅地區是由鄭氏軍隊於西元1662年「驅逐土番，大興開墾之業」開始，溫吉亦指「位居東方山邊之土番，不歸順者驅逐之，今之下淡水溪上流四社熟番是也」，這土番正是南鄒族人。又為開發水沙連番地，先是遣參軍林圯平定斗六門，「以竹圍庄為根據地，率所部屯丁二百餘，自牛相觸口

前進，驅逐土番至東北方之東埔蚋附近，土番乘夜逆襲，林圮及屯丁百餘悉被殺，後餘族追擊之，遠退至山後大水窟，所開墾占領埔地，因名為林圮埔，即今之竹山地區。」此為約在西元1678年後的情形，而此土番正是北鄒族luhtu亞群人，東埔蚋在今竹山鎮東北郊約四公里臨東埔蚋溪，大水窟則再東方約十公里鳳凰山腳下，傳統上屬於北鄒族鹿株群（luhtu）領地。

荷蘭人鼓勵傳教士與當地土人通婚，如此經過幾十年之統治後，想必會有相當的通婚人口，其體質已異於一般土著民族，因此，我們有理由懷疑加入鄒族之荷人中有的是通婚後裔。根據kanakanavu族人之口傳，他們一部分人原先居住於後大埔，後受漢人壓迫而遷移至楠梓仙溪流域，以之對照溫吉之說，被驅逐之族人似乎不應是在更南方之四社群，而係kanakanavu族群。鄭氏時期屯墾之制，已迫使鄒族人喪失西、北部濁水溪與清水溪會流處附近之低丘地區，這屬於今日之斗六、林內、古坑、竹山、名間一帶山麓低丘地。（節錄自行政院原住民族委員會《96年度原住民族傳統領域土地調查後續計劃成果報告I》。）

2、人口不斷增加，因此，便開始分立小社，除原來的神木之外，新立的小社有mamahavana（舊稱楠仔腳萬，今久美）、haipucungu（今望鄉上方）、skoskopna（今望鄉）、nia-feo'isi（今羅娜）及sinapayani（今新鄉），構成一個以和社為中心，下轄4個小社的聚落體系，進而脫離tfuya，成立獨立的政治、祭儀、經濟、軍事自主的部落。戰功最高之yulunana氏，成為部落軍事統帥（yuozomu）兼任首長（peongsi），惟始終與tfuya部落維持宗主關係。（節錄自《原住民族文獻》〈久美部落檔案：孤立於阿里山外的鄒族久美部落〉，文／汪明輝」。）

3、日治前後，南、北鄒族與布農族間之領域關係之發展變遷：在吳鳳事件之後，因疾病、瘟疫，尤其是天花、肺病等之流行、同族間戰爭等因素而失去眾多人口，以致勢力衰退。趁此機會，原來南進受阻的布農族群乃大舉遷移，北鄒族之領域漸次受其蠶食。

時至1700年前後，鄒族勢力皆仍穩定發展。然而，1725年實行阿里山番租制度，使得鄒族在平原及西部淺山的土地快速流失。1769年吳鳳事件後，鄒族邁入衰微期，起初尚可守住北方獵場，布農族只能沿著中央山地向臺東山區移動。1770年，布農族郡社群則開始入侵魯富督大社北方領域及鄒族東方的獵場。

19世紀是布農族在中央山地持續遷移與擴張時期，對於鄒族領域產生嚴重的威脅。日治時期，日人強制將布農族移入，使得鄒族喪失魯富督大社原有的土地（今南投縣信義鄉羅娜、新鄉、久美、望鄉等部落）。1931年楠梓仙溪以東獵場割讓予布農族，鄒族因此喪失極大範圍的獵場。「由於luhtu群之衰弱，布農族更越過中央山脈向東南及南方侵入，蠶食北鄒族獵場，造成兩族土地衝突頻繁，最初北鄒族tfuya群仍能占優勢，時常藉著襲擊郡番移民以企圖阻撓，然而東方距鄒族基地甚為遙遠，且無聚落，郡番為增強其抵抗鄒族壓迫，在該地建立新社地，迫使鄒族處於甚為不利之地位，不得已逐漸後退，終而放棄極東獵場，而後只以出草馘首方式，不時襲擊該地（前揭書：63）。」

中央山脈以西，玉山以南之楠梓仙溪與荖濃溪上游一帶，可謂鄒族獵場的核心，距離鄒族社地較近，故鄒族人絕不輕易放棄，故在此地之抵抗亦最強烈，布農族則迂迴自臺東向較弱勢的南鄒族四社群及魯凱族萬斗龍社（mantaolan）進出，這已是日治時期到上世紀初的事情。接著再次第進到kanakanavu社群領地，最後在向荖

濃溪上游的北鄒族獵場進占，鄒族仍頑強抵抗，日人對此頭痛不已，稱此地區為「阿里山理蕃之癌」（王泰升1988：248），最後於1931年（昭和六年）七月，在日本政府干涉下，舉行「獵區讓渡式」迫使鄒族與布農族人協議以楠梓仙溪為界，以東至荖濃溪的獵場被迫割讓給布農族人（黃文新譯本ibid.；馬淵東一1954：148），這項讓渡式，乃是日本統治政府為了安撫叛服無常的布農族人，而寧以犧牲業已歸順無虞的鄒族土地作為代價，鄒族人必定非常不甘心（馬淵東一）。（節錄自行政院原住民族委員會《96年度原住民族傳統領域土地調查後續計劃成果報告I》。）

與鄒族相關之布農族遷徙概述

布農族第一期遷徙

布農族第一期之遷徙移動，係Tapukul（蘭社群）的遷移，Tapukul（蘭社群）在現今布農族的社會裡已漸漸被遺忘，綜觀其歷史，Tapukul可能是布農族裡最早跟外來政權接觸者。而在荷蘭文獻裡，特別是《熱蘭遮城日誌》，即描述了不少當時跟Tapukul的互動情形。清時代較無記載，一直到日本時代才又明顯出現相關的描述。然日本時期該部族已嚴重鄒族化。Tapukul（蘭社群）很早即離開布農族聚居處而獨自遷移，在馬淵東一論及布農族的遷移裡，係將Tapukul（蘭社群）列入第一期之遷徙移動。對於Tapukul（蘭社群）最原始的、最完整的記載，要算是《蕃族慣習調查報告書·第四卷 鄒族》，未含約於13—14世紀間遷移至今阿里山鄉茶山、新美和部分山美地區的「蘭社」群（tapukul/tapukulan社人）。在該書的記載裡，即提及他們原為布農族的一支，但是因為戶口日漸減少，以及與cou族的tapangu（達邦社）、kanakanavu（卡那卡那步）族通婚，反而與布農族沒有往來，以致喪失了其固有之風俗習慣，而逐漸與上述二族類似。特

別是與北鄒族達邦社系統間的關係，幾乎可以用「融爲一體」來形容。也因此，我們很難找到純粹的Tapukul人了。

布農族第二期遷徙

　　布農族第二期的遷徙移動，則是以Asang-daingaz爲起點，向東、向南或在原地附近的移動；時間上約在近三、四百年間；地域上踰越了中央山脈和玉山以南之地而向東、向南移動，參與的部族主要是Takivatan（丹社）、Tak-banuaz（巒社）和Bubukun（郡社）群。（節錄自行政院原住民族委員會《96年度原住民族傳統領域土地調查後續計劃成果報告I》。）

鄒族與布農族「相近」之處

1、相近詞彙用語：諸如地名，如鄒族之saviki（砂米箕）社，以布農族蘭社群語爲檳榔之意（現今之山美部落）；今日鄒族稱茶山村爲cayamavana，也是由布農語ceama（卽平臺之意）承借而來的，另石頭（fatu）、七（pitu）族語發音完全相同。

2、其他詞彙用語：布農族之報戰功（mas-tapangx），在鄒族語義爲「說鄒語」或「朝著鄒族之語言」，其中之tapangx一詞卽爲「鄒族」之意。13—14世紀間遷移至今阿里山鄉茶山、新美和部分山美地區的「蘭社」群Tapukul，應爲鄒族傳說中已同化或消失的takupuyanx（與Tapukul近音）族群，鄒族甚多神話故事多爲源自已消失takupuyanx族群，鄒族傳說故事中takupuyanx族群若不觸怒天神，該族群是最受天神眷顧及極爲優秀的民族。

3、文化相近：鰻魚堵河、大地洪水、小鳥引火、射日傳說等；皆有室內埋葬習俗，同爲柔性之父系社會，著重在男女社會功能性之區別（非重男輕女）；布農族團結祭

中八部合音及鄒族神聖莊嚴祭典之始之’O（迎神曲），皆以對先人、山林心靈神會及族人團結和諧爲主；常用紅、黑、白三色澤；女子名布農族apus與鄒族apu’u近似等，二者更是同屬臺灣典型的純高山狩獵族群，崇尚大自然、保育山林、各神靈之尊重及對祖靈虔誠，著實不分畛域、心有靈犀之信念。

　　臺灣原住民各族群多就臨近山林四處發展擴散而居，因交通時空之長期隔離，文化習俗語言隨之變遷爲屬正常，尤其無文字記載時期，語言之發展常因地域環境變異快速，久而久之僅字根可見端倪。就鄒族而言，僅300年之光景，邵族、卡那卡那富、拉阿魯阿等文化脈絡如習俗、倫理、服飾卻仍相通，各流傳故事皆同，但「語言」之使用完全不同。甚有趣者，布農族群之語言及生活，較前述三族群與鄒族更爲相近之事實，值得深入探討。

　　筆者強烈懷疑，千百年前臺灣大洪水時期結束後，鄒族傳說故事中，「折弓分散」並相互約定「有難相互協助支援」的兄弟，不應是日本人而是布農族人。日人來臺，因長得與鄒族人相似，鄒族人便以爲他是玉山分離的兄弟，故日本人到鄒族部落並未遭遇強烈抗拒或排擠。又因鄒族人數少，嚴密社會組織及爲鄒族人承傳著「會所文化」體系爲部落核心主軸，另團體道德制約強烈維繫鄒族人之生命共同體，而日人對鄒族人之團結及自制力有感，故與其他族群而言，對鄒族相對是比較友善，教育農作及協助生活改善，推行皇民化政策，但不制約鄒族傳統文化延續薪傳及不禁止說族語，日本人未曾強勢高壓及迫害鄒族人。反倒國民政府來臺對鄒族是相對凜若秋霜，以三年打回大陸之宏志而無暇照護臺灣原住民，尤以隨後之臺灣戒嚴及對族語文化之壓制，更是摧毀臺灣原住民族群族語文化之主因，所以早年鄒族長者仍會懷念日治時期雖嚴苛管理及生活清苦，但至少有安全及穩定之社會秩序，部落更不會有偷盜詐騙猖獗之苦；猶記孩提時父母常會再三提醒，路上見人必須行禮請安，一聲「叔叔好！阿姨好！」人際祥和氛圍，惟知識水平高、富國裕民豐衣足食之今

日，文明與人性的期待卻是不對稱的心若寒灰。

四百年來，因外來文化及強權政治之影響，尤其是1895年11月18日，日治時期之強制「移民政策」、隨後國民政府之「同化政策」及外來宗教之「排擠文化」，而原住民族群文化斷層百餘年，原住民傳統及正統文化大多陣亡。強權來臺百年後之1996年12月1日原住民族委員會成立，爲原住民文化重現之一線生機，尚幸有教會零星紀錄、日治時期片斷文獻、長者殘存記憶口傳歷史，各族群雖致力文化復振工作，因無文字之原住民族群更經前述外來文化之影響及衝擊，近百年斷層，實難忠實及完整的維繫本身自屬傳統文化，惟有相互模仿、新創文化或擇優參採「融合型」之文化復振。

不同民族政權，諸如荷西時期、清領時期、日治時期、國民政府時期等治理臺灣時序更迭，綜觀臺灣歷史時代之輪痕皆屬短暫，而千百年來生長在斯地崇尚大自然生活之臺灣原住民族群，他不具掌控臺灣各項資源或權力之能力，但原住民是最可代表及見證臺灣千百年來延續生命之族群。且臺灣原住民族群是樂天知命，視部落或族群爲國家之概念，非其當下使用領域即非其天之不貪。單一部落或族群是極爲團結，但論及整體臺灣原住民族群，卻如鬆散的一盤散沙，而臺灣原住民族群之共通點，單純只爲生活，不具統領全臺之政治野心，故就長遠臺灣人類史觀，任何臺灣強權執政者，實應全力維護及保存善良的人類活化石，讓臺灣瑰寶得以延續生存。

故治理福爾摩沙美麗寶島之各優勢族群，應忠實爲臺灣各階段繪製臺灣山水自然環境、各族群族聚落、各語言文化文物等人文史蹟世代演替紀錄，並以大格局、跨世紀之視野，建構國家層級並由國家運作之「臺灣原住民族文獻館」之專責機構，下設各族群之文物館（族群組織運作）作陳列典藏、教育傳承，形塑並營造成爲南島語族之核心區，不因政權更迭而斷層（政黨輪替爲民主常態），可併臺灣價值成爲有幸生長在臺灣之人民共同的回憶與驕傲。

綜上，鄒族曾經傳說故事、坊間認知及公部各項資料等可概略瞭解，400年前外來強權尚未進入臺灣之前，鄒族傳統生活領域即以玉山爲中心向外發展，就尚可記錄地名者如秀姑巒山、大分、秀姑巒溪、新康山、利稻、大關山、梅山、甲仙、安平、雲嘉南平原、東埔及八通關等，鄒族族群曾經相傳之傳統生活範疇。又日治後，南、北鄒族與布農族間之領域關係之發展變遷，及鄒族與布農族文化及語言相近之處等之理解，納入本書僅讓鄒族族人瞭解過往先人足跡，聯結祭歌及鄒族口傳歷史故事所詮釋的內涵。祭歌所言："tayayai'ane nia'a basno'uka'ani ngausaa."（輝煌的成就、先人的足跡、已經沒有靈魂。）一切皆爲過往雲煙，對應原住民遊耕而居，人來人去豁達的面對大自然，期勉原住民族群要瞭解過往、珍惜現在及具格局探索未來。

鄒族耆老論述鄒族大環境之解說，則必然以玉山爲核心繞圈作說明，並常以「大社」臨近河川說起：va'hx ta maemoemo（部落之河川一曾文溪），再以玉山朝西之yamasiana（楠梓仙溪）、朝南之fozuci chumu（巨量大水一荖濃溪）、源自中央山脈朝東向之mohkuv'o ci c'oeha（流錯方向的河流一秀姑巒溪流域）及朝北向之himeuci chumu（混濁的水一濁水溪）。即包含阿里山山脈、中央山脈及玉山山脈甚爲清楚明確。

現在鄒族之活動空間，己壓縮到僅剩阿里山山脈地區，即曾文溪及清水溪上游集水區八個部落，及濁水溪上游的久美部落爲範疇；因八八風災而增列t'oe'oyanaa（德恩雅納部落）及veoveoana（逐鹿部落）。現今鄒族人口並無顯著成長，且可精準說、寫族語者屈指可數，爲當前鄒族最嚴峻的課題。

第五篇　鄒族傳統領域之概念

第六篇　鄒語「300個附註詞彙」

　　鄒語附註詞彙300詞，多屬各篇文章內容相關之詞彙用語，為鄒族不常使用、近遺忘或快消失，且目前尚未列入《鄒語詞典》之詞彙（皆費盡心思精挑彙整），對政府刻正全力推展之原住民族「傳統知識體系」之建構及未來鄒族《鄒語詞典》之研修或增編具積極助益。

　　臺灣原住族群之「原住民族傳統知識體系」，宜由各族群民族議會或具公法人之「部落組織」，分組、分工，並分類、分項、分篇，系統性之執行盤點，因唯有「由下而上」部落族人之認同及親力親為，始可達成復振及永續執行之目的。

　　「分篇」：1、動物篇。2、植物篇。3、礦物篇。4、地理篇。5、天文篇。6、自然篇。7、水利篇。8、建築篇。9、農耕篇。10、土地篇。11、交通篇。12、生活篇。13、災害篇。14、育樂篇。15、飲食篇。16、人物篇。17、身體篇。18、禮俗篇。19、行為篇。20、信仰篇。21、傳領篇。22、部落篇。23、家族篇。24、祭儀篇。25、語言篇。26、文化篇。27、文物篇。28、狩獵篇。29、醫巫篇。30、計量篇。31、時間篇。32、數字篇。33、其他：生物、科技、醫學、國防及資訊等新增事務事項（按各族群實際所需增減）。

　　再聚焦「語言篇」：如外來語、新創詞、詞典、千詞表、語法結構、標點符號、九階教材之研修製訂（早年甚多皆統一用中文，讓各族群填加族語，使教材與族群文化不甚符合而不為族人所認同）；各論著、刊物、教材、文獻之研討建議補（導）正及漢、日、英對譯等。清查完成後，由保護及認同「文化及族語」之族群組織下，建構族群「語言中心」並同建制成立，族群研創、核審及承傳機制，承國家政策，專責自屬族群前述各篇彙整

研議規矩準繩，俾作族語文化復振及族群延續命脈之核心主軸。

　　筆者個人長期之觀察與理解，自助始得人助與天助，外界或政府僅只能陪伴讓原住民維持正常呼吸，但並沒有「義務與能力」讓原住民族群永續薪傳，完全靠原住民族群本身求生存之信念及意志。又早年原住民正名、《原住民自治法》、《原住民族言語發法》等，每案都要有至少十年催生期，又縱然法案通過也無力執行，因原住民個體能力再強，皆屬煙火秀場如曇花一現，或因政策更迭或公部門人事異動因素而中止，故必須由族群或部落採以「組織型態」強力運作，並系統性、規劃性執行始可竣事。

　　「部落組織」，可謂保護部落及作為部落對外之窗口，承負自屬族語文化復振、諮商溝通、核審機制及部落未來成長發展之使命，並可為族人爭取權益挑戰現行法規或作修法建議之機制（部落各協會，必需完全依照法令不得逾越之別）。成熟之族群或部落組織，為原住民圖復振、成長發展或自治之根基，故屬民族系統之部落組織應優先建制，並由其執行「知識體系之建構及族語復振工程」堪具實益。

　　本書為拋磚引玉，所列「附註詞彙」300詞如後。（例舉各詞彙中，有一個詞彙數個意涵或隱喻，僅以其中一個意涵作註解。）

　　1、hxfkxta（喝止住）。2、buta'os'osx（引人注意）。3、yupho'eocx（相依為命）。4、smoesx'sx'x（抽泣）。5、eteoteoezu（說話溫雅）。6、pesbubut'u（生悶氣的作為）。7、kiala（吝嗇）。8、tungtungti（拔草未拔除之根部）。9、aviovio/avzovzo（疲憊）。10、ma'hikuv'o（睡錯方位）。11、yupaeebkocx（相互辯駁）。12、peasima（過敏）。13、yaezoya（背後說他人）。14、sngxsnga（堵住）。15、m'ocmxfex（培養人才）。16、psoyaskeni（發展）。17、ptasmomia/ptasmomza（吵醒）。18、ethaeva（提醒）。19、tohayo（防護）。20、

tbangbangi（大聲責罵）。21、koncaipa（因偷窺驚擾而失敗）。22、yu'tasvxtx（相約）。23、miuteoteoezu（相貌溫順慈祥）。24、mingsoehi（急著想要回家）。25、fihngau（回音）。26、sihkuyu（挽近頭訓話）。27、tmx'txyx（大聲罵人）。28、psoetiskou（發光）。29、ma'susuae（後悔）。30、peismome（驚醒）。31、skotaica（夾在中間）。32、meot'xt'xcx（遵守）。33、ma'txtxs'x（清醒）。34、sutama'ha'o（坐著不起）。35、atxkca（扎實）。36、tospxspx（萎縮/起皺紋）。37、timei（勇猛）。38、toveineni（託付）。39、capi（火上方燻烤）。40、emohoi（起點）。41、ptuvaknoknon'i（路徑彎彎曲曲）。42、yu'tupeu（蛇交配）。43、kacpocpongi（咬碎）。44、sutmaipcuku（席地而坐）。45、seonghi（遺忘）。46、feinasi（某物之反面）。47、peeyaezoni（消極應對）。48、oheuthu（緊縮）。49、mimciengoni（朝反面看）。50、smoevoi（衝下去）。51、nosohuyu（展望絕佳涼快處）。52、epak'i（口出不雅言語）。53、tokayanpui（理光頭）。54、keteoepxepx（竹掃把）。55、snuesuya（未打過的粳米飯）。56、etoetongx（粗糙）。57、tmusngxsngx（說話有障礙）。58、yoefxhta（動作靈活敏捷）。59、smofsou（置放到變軟）。60、teo'io（斜眼看人）。61、puuyu'a（挖洞設陷）。62、t'opcakvi（打耳光）。63、suc'ayo（坐姿不雅）。64、paengonx（方形背籃）。65、toupiei（柴刀厚的）。66、nuf'oya（背架）。67、yu'suyzyu（二人換工）。68、eosohuyu（吹口哨）。69、tayaecingea（懷念著；思念）。70、sufeoya（煙斗）。71、yoci'ci'o（跛腳）。72、smoekeukeucu（抽筋）。73、tokelenge（單腳跳行）。74、titietiehi（如猴徒手越過陡峭險區）。75、mahi'o（毒）。76、mohanmho（絨毛）。77、ngi'ngiba ta ceonx（山路之上側邊）。78、miazomnx（田裡趕鳥）。79、seovei（休耕）。80、totnxta（火塘之枕木）。81、smoepepe（升天）。82、eskayo（滿月）。83、pae'ohsa（朔月）。84、suvoi

（伸手不見五指的黑夜）。85、yuafeofeo（稜線）。86、knomx
（地衣）。87、tancahae（崩壁鬼/專門讓山崩裂的鬼）。88、
tuop'opx（鳥禽挖掘覓食）。89、epvoongx（霾）。90、fngxfnga
（附身）。91、meacmoi（旱季缺糧）。92、sifuno congeoha（星
星的尿尿―露水）。93、mxhcx'cx'a（地面龜裂下陷前兆）。
94、teisisi（峭壁）。95、miskinga（背陽面）。96、patfoei（被
驚動到）。97、mx'oyx（窒息而亡）。98、kxyxpa（青苔）。
99、yuubabo（長滿遍地）。100、cungsu（正門）。101、
ptunkuyungu（後門）。102、niacmo'na（側門）。103、pai'uni
（勾魂術）。104、sofsuya（弩式弓陷阱）。105、cahcaicici（鬼
鳥驚示之表述）。106、emonoiei（刀鞘）。107、alx（受傷）。
108、esuuya（倒插）。109、po'e（變魔術）。110、siuski（回
請）。111、m'oahpo（找粗的芒草）。112、coocapa（獸皮包夾
腳踩速脫水）。113、tuezo（採白茅）。114、siamaameoi（敬
邀耆老）。115、soanxthx（武器）。116、pateupihia（威嚇對
方）。117、pasu'hongx（負傷之血跡）。118、s'ofx（柺杖）。
119、soskuskunu（牽手）。120、mitungucu（祭典）。121、
bxs'xfex（清倉祭）。122、mokuhtu（簸揚）。123、suapiu（做
不好的夢）。124、poeva（走在前者）。125、a'asvi（堆石夢
占）。126、yosu'ka（循足跡追蹤獵物）。127、teoskuni（教
唆或驅使作為）。128、hihefia/hihefza（野豬窩）。129、hivsu
（動物經過之草痕）。130、moyxhcxngea（無月分之月―11及
12月）。131、yapuya'eoza（蟲癭）。132、hxmsxxya（雞母
蟲；獨角仙幼蟲）。133、kakusungu（有大螯的溪蝦和螃蟹）。
134、'ayumomangi（專指洪水神話的螃蟹名）。135、pa'momia
（魚在石頭覓食的咬痕）。136、copi（爬岩鰍）。137、hohiu/
hohzu（受驚嚇時，似會集體發抖的小虎蜂）。138、poikicu
（毛毛蟲）。139、ptuanghuyu（赤尾青竹絲）。140、toezana
（過山刀）。141、papua（蟻蛳）。142、naicingili（臺灣泡
桐）。143、hahcx（魚腥草）。144、mo'eyoe'ova（水罨）。

145、tapi'eongx（蜘蛛網）。146、potvoevoya（鳳蝶）。147、koanoiva（山羌和水鹿的眼窩）。148、mokoengx（孑孓）。149、keuisi（粉紅鸚嘴）。150、ohaesano mea'hisi（菓子狸的弟弟—鼬獾）。151、veho（報時鳥—大彎嘴畫眉）。152、yasngx（下額）。153、buetngou（如獼猴警戒聲）。154、snxfx（山豬皮）。155、tei'i（條紋松鼠）。156、eiho（蜂鷹）。157、yophova（黃嘴角鴞）。158、yovo（雌鳥—藍腹鷴）。159、pop'e oko（養子女）。160、kutipa（小飛鼠）。161、piengi（頭蝨）。162no'eoza（水蛇）。162、ciki（雞距）。163、hiaemoza（穿山甲）。164、pxsngsnga（蜜蜂窩）。165、tmu'eosx（藪鳥）。166、thoaceka（小松鼠）。167、haecongx（青剛櫟）。168、thoango（江某）。169、beiahngx（烏皮九芎）。

170、sanpieingi（蘭花）。171、fngosx（苦楝樹）。172、toteocu（筆筒樹）。173、heesi（山楂）。174、misi（根）。175、'unpe（阿里山十大功勞）。176、fexfex（芒草嫩心）。177、malungeava（鬼針草）。178、ngocngi（蘆葦草花）。179、pa'sxthxca（套腳鳥陷阱）。180、pupunga（一節竹筒）。181、pahcacnia（半節竹筒）。182、cvosx（節）。183、exngcx（發瘋；迷路）。184、tismxya（煙草乾）。185、ton'xhcx（阿里山薊）。186、laksu（杜鵑；野牡丹）。187、yangcx（牽牛花）。188、tungsua（傳統香蕉）。189、yuphobixkx（長太密）。190、moezunge（牛奶榕）。191、hungu（黃藤的倒勾）。192、yupeosx（打芭樂製陀螺）。193、tofsxyx（濺到水花）。194、apui（稻穗）。195、knuyusi（樹瘤）。196、tafe（金線蓮）。197、seepi（天門冬）。198、ciou（兒）。199、feosx（水氣泡）。200、engvoza（臺灣蘆竹）。201、tmaskukyungu（漩渦）。202、maaseu（撈魚）。203、yu'fosi（用人為或自然的方式使塘水往下流或決堤）。204、yo'nxngx（深塘；積水處）。205、ning'aau（河流深塘較寧靜處）。206、suobuku（落水）。207、mafexsx（滑）。208、himeuci chumu（濁水溪）。209、yungu（魚栓）。210、mohkuv'o（流錯方向）。211、teocfunga（河交匯處）。212、esbobuka（山泉水）。213、topeapo（河川混濁成泥）。214、tufngi（夜間刺魚）。215、toiso'x（大水過後尚未清澈）。216、tisngusngu（急流處徒手捉魚）。217、engohcu（水鬼）。218、aasaskiti（邊緣）。219、maolonku（直接淋雨）。220、snu'nu'a（流水沖力被破壞而毀之）。221、mamoce（軟殼的蝦或螃蟹）。222、toipho'x（火燒之飛灰）。223、suengi（自他處引火）。224、tiupuzu（玩火）。225、pof'ongx（火燒山至天際通紅及濃煙）。226、tun'au（鍋底之星火）。227、ngusku（燒山未燒乾淨）。228、oheuthu（用火燒皮而皮成皺）。229、nxs'xha（火燒而亡）。230、pului（煙燻而亡）。231、ngangho'x（懷孕）。232、bxsxsx（腳伸直）。233、toenxthx（奔跑而斷氣）。234、teothxthxsx（瞪大眼）。235、peismamso（玩鮈）。236、tmo'pahsaho（投懷送抱）。237、tom'om'ohkuyu（彎腰低身行走）。238、zosi（年輕女子）。239、mit'oengoni（正面）。240、teoupeipei（挑三揀四的）。241、ecovi拔門牙。242、e'opx（腦膜）。243、ybxhx/txfxyx（挽臉）。244、ektuktu（腳趾頭絆傷）。245、loxngx（耳聾）。246、mau'umo（吐舌頭）。247、peoana（胎盤）。248、fxntx（鼻塞）。249、pninsi（膿瘡）。250、potiehi（疣）。251、tokali（跌倒撞到膝蓋）。252、e'nxthi（帶斷掉一跟隨者半途死亡）。253、yxntxhi（斷氣）。254、soskungi（發燒）。255、smoekeukeucu（抽筋）。256、skakavici（氣喘）。257、ftukeu打嗝。258、yaecova（沒有門牙）。259、smotfu（跌倒瘀青）。260、yomx（智齒）。261、to'ho'ho（褥瘡）。262、matkaku（山羊腸烘乾後煮腸湯）。263、ngongex（軟骨）。264、koungu（木製小湯匙）。265、mufunu（用嘴噴出物體）。266、oyofonx（晚餐）。267、smoof'o（動物屍體開始膨脹）。268、yuhmo（流口水）。269、kxecx（小米酒的白膜）。270、snoecavx（飼養之物）。

271、omangihu（吃到嘴鼓嘴歪）。272、oupeipei（挑食）。273、'oyona phomeo（地名―焚獵場）。274、mavahavana（地名―久美）。275、tavunuana（姓氏―陸姓）。276、skayavangx（泰雅族）。277、miobako（對岸的坡面）。278、tutuaesxesx（地名―雲峰下）。279、yata ceo（住地上者―蛇）。280、yano voecxvcx（住黑夜者―鬼）。281、enkinka（打或碰到眼睛）。282、yata tiskova（住在光亮者―人）。283、yane apihana（對岸的人們）。284、cailx（三角爐石）。285、p'ofsou（用嘴餵食小孩）。286、suyozana（瀑布地名）。287、suesu（斜坡土地鬆弛）。288、etavei（最後的話―遺言）。289、smuhnu（請人做事）。290、buhfuyo（吃醋）。291、muutu（打鐵）。292、tx'xpea（風箱）。293、huahua（磨米器）。294、tusi'ngi（掃地；捕魚術）。295、ceohx（茂密芒草原區）。296、sangeava（苦茶樹）。297、kupiya（桑寄生）。298、h'oetxeca（地上套腳鳥陷阱）。299、seocu（雞肉絲菇）。300、kiotokai（換工）。

無法作中文精確對譯之詞彙用語

1、如enecuc'o（近似遺憾發生不幸事件，轉而慰問之承轉用語）、amaktac'o（近似本身不被看好隱含瞧不起，卻能成事）、kvo'nano（近似因不順道、不便利或心理因素，應為當為而常不作為）。

2、「homeyaya」坊間出現之譯文，諸如：過年、新嚐祭、小米祭、團結祭、豐年祭等。「mayasvi」出現譯文如：人頭祭、戰祭、敵首祭、團結祭、豐年祭、歌舞祭、凱旋祭等。二者所承負之歷史意涵及儀程慎重複雜，前述所列漢字譯文皆無法完整精確，而逐漸偏失原味。如以觀光為目的事業而建制之機關「阿里山國家風景區管理處」，為觀光行銷鄒族mayasvi採以較悚動之漢譯「戰祭」為譯文作觀光行銷，確可達到其機關存在之目的，

但欠缺對該族群及文化本身之尊重。

　　筆者以爲，不同族群具特殊文化意涵之專有詞彙，既然沒有「精準」中文可相對譯，應可尊重原著，研議以「音譯」或「借詞」方式，毋需「爲賦新詞強說愁」。實者，柔和優美之mayasvi一詞，實遠較鋼厲爲輕薄之「戰祭」更具祥和社會潛移默化之功能，更符合鄒族族人之理解。故現今臺灣原住民各族群語言已核列爲國家級語言，應可相互尊重、相互欣賞及相互包容，以呈現臺灣多族群、多元文化自由民主之美麗新社會。

第七篇　鄒語標點符號與翻譯之實務（漢、鄒對譯小故事）

臺灣原住民族群標點符號之概述

　　「原住民族語言標點符號使用原則」，依據原民教字第10300268971號函訂定發布、臺教社（四）字第1030078416A號函會銜發布。原住民族語言標點符號之設置，原住民族委員會及教育部從原住民族人使用書寫的習慣中，歸納8個常用的標點符號包括：.句號、,逗號、;分號、?問號、!驚嘆號、--破折號、（）括號、…刪節號等。

使用原則說明

　　. 句號：用於一個語義完整的句末，但不用於疑問句或感嘆句。

　　, 逗號：1、用來分開具同等地位之詞或片語。2、用於直接引用的句子之前。3、用於隔開複句內各分句或標示句子內語氣的停頓。4、用於「主題」或「主題標記」後。

　　; 分號：1、用於分隔地位平等的獨立子句。不同於句點，使用分號常標示子句之間有某種不明示的關係，如「條件」、「對比」、「因果」等，這種關係有時可由上下文得知，有時亦可由附加的連接詞表之。2、在句子中如果已經使用過逗號，爲了避免歧義產生，就用分號來分隔相似的內容。

　　? 問號：用於問句句末。

　　! 驚嘆號：用於表示感嘆、命令、讚美、高興、憤怒、驚訝、警告等強烈情感，及加重語氣的詞、句之後。

　　（）括號：1、用於句子中加入評論或解釋。2、用於並列雙語或專有名詞。3、用於並列不同的說法。

　　… 刪節號：1、用於述說未完，還有例子未舉出。2、用在

述說不清楚或語帶含糊。

　　-- 破折號：用以進一步說明或舉例。

建議不要採用的標點符號如下
　　冒號（:）：因為有些族語（如賽夏語）利用冒號來標示長音。

　　單引號（ '和' ）：避免與喉塞音混淆。

其他
1、語言標點符號輸入時，字體採用Times New Roman，並使用半形。
2、文章段落起首要空相當於四個字母的間隔。
3、所有標點符號之後均空一格。
4、刪節號為3點。
5、刪節號出現於句尾時，「.」句號仍須標出。

教育部1995，《國民中小學臺灣鄉土語言輔助教材》。

行政院原住民委員會、教育部2005，「原住民族語言書寫系統」，臺北：行政院原住民委員會、教育部。

http://www.uiowa.edu/%7Eacadtech/phonetics/english/frameset.html

鄒語標點符號之概述

　　原住民族語言標點符號之設置，原住民族委員會及教育部歸納8個常用的標點符號，包括：. 句號、, 逗號、; 分號、? 問號、! 驚嘆號、-- 破折號、（ ）括號、… 刪節號等。鄒族增列 " " （引號）一個符號，共計九個符號。

　　1、鄒族增列一個「標點符號」
　　" " 引號：用於表示某人實際所說的話。

2、鄒語「特殊」符號

ʉ（母音）：因電腦鍵盤無此字母，故鄒族人常以x替代，目前爲並列通用之權宜措施。

'（喉塞音）：「喉塞音」係具逗點之樣貌，但有別於逗點位置。族語之逗點多係標示句子內語氣停頓，其符號緊貼停頓字元右下側，如micu ahoi maaseu, ahoza si---；喉塞音係位在需加註喉塞音之字元的左上側，如a'xmtxs'a kokaekaebx。

輕喉塞音：現行鄒語實務運用上，確有尚未明訂符號標示之詞彙用語，諸如lalauya（樂野）之la；lam'ocu（山羊）之la；cailx（三角爐石）之lx；lxa（遇見）之lx；laksu（杜鵑）之la等，其不及喉塞音之明確發音，但若缺此音則悖離原音，不爲部落族人所認同。因迄今尚未研訂其符號，筆者暫定爲無符號標示之「輕喉音」或「半喉音」爲表述之，並遵示耆老之堅持，採傳統「原音」作溝通或教學，未來應可請鄒族語言專家學者，會同族群或部落組織參酌研議增列，或可歸類爲免增列符號之「特殊字」因應。

3、鄒語與中文「符號相對應」

. 句號：功能似中文的句點（。）

, 逗號：功能似中文的頓號（、）和逗號（，）

; 分號：對應中文標點符號爲（，）和（；）

? 問號：功能似中文的問號（？）

! 驚嘆號：對應中文標點符號爲（！）

" " 引號：功能似中文的引號（「」）

… 刪節號：功能似中文的刪節號（……）

-- 破折號：功能似中文的（冒號：及破折號──）

4、鄒語音韻之特性

音位轉換：to'tohxngx - to'tohngxva

音位轉移：bochio - cohivi

探路：智慧之毛第三集

元音省略：bonx to - bonto

5、鄒語之格位標記

鄒語之格位標記，為正確族語使用之關鍵（近似中之介序詞）。臺灣南島語言《鄒族參考語法》，為法國籍之鄒族語言學家齊莉莎老師Zeitoun Elzabeth著，2000年出版。

主格	'e	si	ta	'o	co	na
斜格	ta	to	nca	no	ne	

例：

os'o ocia yuevaha 'o kelusu（我想借的豬公）。

若其中主格'o誤用si

os'o ocia yuevaha si kelusu（我想借你的這個雞雞）。

對長者是非常的失禮，故格位標記之正確使用是至為重要。

鄒語標點符號之運用

謹採以鄒族耳熟能詳之經典傳統故事，〈長毛公公〉教學版作樣題，在不背離故事原意之前題下，將故事內涵稍作細部微調，以符合族語詞彙、翻譯及符號之實際教學運作，使學習者較易理解及更可舉一反三。

另增列「中文文章」：〈湯姆歷險記〉及〈愛麗絲夢遊仙境〉翻成鄒語。「鄒族短篇」：〈油桐〉、〈涉水過河〉、〈傳奇的長者〉及〈祖母的煙斗〉翻成中文。

長毛公公

很久以前，有一位無親無故卻是非常勤快的女子，她獨自一人前往大河想去捕撈魚（就是ingiana一帶下游的河川），她斜背著用麻竹製成的單節大竹筒，肩扛長柄魚網，順手拿著一個粽子及她醃過鹽巴的生薑，急速往下走。

她抵達河流時，相當相當高興看到很多魚嘴巴，祭神，並也完成裝備之整理後，便開始撈魚，她第一次抬起魚網，看看她的魚網（她所撈到是已開始爛邊的一小片茄莖木心），她連一條都沒撈到，喃喃自語的說：「到底是怎麼回事？」

她就拿著小木片丟至下游尾水處，然後就往上游想再去捕魚，她往混濁河水中下撈，再接著提起一看，她嚇了一跳並喃喃自語的說：「怎麼很像是我剛剛丟的小木片呢？」她頓時毛骨悚然，差點大聲口出穢言，不一會兒，她轉念會心一笑，心想，必有什麼意涵，不然……？

這樣子，她的確有些不耐煩與生氣，她就使盡全力想扔往最遠的地方，眼看著小木片擲落下游很遠之深塘中，看它落水並順口說：「去到那裡了？」

她便繼續循河前往更上游區，循著山羊路徑繞過深塘，再次同樣看到很多魚嘴及魚頭，在稍為移動的漩渦泥濘塘水中，她放低身子、放輕腳步，她欲靜悄悄的迅雷不及掩耳的快速撈捕。

當時，當魚網碰觸泥濘水面的同時，她同時像是魚兒被戳到身子般，瞬間躍出一條超大的苦花魚，牠跳得很高，「噗通！」再落回深塘中。當時，她踩到有點傾斜的滑石而差點落水，當她勉強提起魚網一看，什麼都沒有，「咦！怎麼又是你？」

她一直捕不到，況且已經疲憊，且有點晚了，她手持撈起的小木片，凝視著心想並道出口說：「都是你！從中作梗，我乾脆把你攜回當材燒。」她就插在腰間的裙帶內，就走回家了。

當她在家掃地時，她忽然想到她原來繫在腰間的小木片，她摸摸腹部腰間就是摸不著，以為半路掉了，她從而夷然不屑而淡然處之。

沒過多久，這女子怎會不時肚子痛且一直都想吐，她原來已經有身孕了！她並不認識任何男子（她所懷的就是小木片），她自己心想原來它的意涵是如此。

沒有多久，她生下胎兒，小孩出生後隨之盤坐在地上，她媽媽望著他微笑，他也跟著呵呵大笑，他笑時只見牙齒已成排長

滿。

我們看這小孩的出生：他媽媽並不認識任何男子、出生來
就可盤坐、睜大眼睛、呵呵笑著、一出生就成排牙齒等（只有不
同的靈魂才會如此），很快就滿臉長滿金色鬍鬚，力大無窮並會
法術，就是這位——在我們鄒族傳說故事中，尊稱他爲「長毛公
公」、對他滿懷敬重的人。其選擇無親無依、心地善良及勤勞的
女子，來到人間協助照顧及帶領我們。

長毛公公

ak'e- yam'um'a（長毛公公）

ne noaana'o, pano mosolanana teneo ho na'no tvaezoya
ci mamespingi, mosolanana cihcihi, te uhne c'oeha ho mioci
maaseu(zouto h'ova'ha to oi'isi to mia'usnune ninca ingiana),
isnana s'ieza na kahkxmnx ci pupunga no pcoknx, ho ngoevi namo
na'no piepiengu ci yoi, tiniusu nomo conci confa hono ossi sievi ci
cuc'uaxlx, pnanfi na hiasi mayahe ho eyovcu.

micu nana sxc'xhx no toaphoyx, ma a'xmtxs'a kokaekaebx,
homo maan'i na isi aiti ci sumsu no yoskx, aepxngx bispueho, zou
hocu teoepxngi teoteai na macucumasi, cu nana ahoi maaseu, ahoza
si eepia ho aiti na yoisi, ma conci micu ahoi ake'i toleongx, ci okono
tuasxesax no sxvxe na is peolxa, o'amosa amako meocni, ehecachi ho
maica-- "mamos'a mzohnonenu!".

isi cu nana yaa na pxepx ho too'seni no skoyoviasi, hocu
ohteufiuhe ho i'vaho mioci maaseu, isi nana hoefo'neni nomo himeu
ci chumu na yoisi, hocu yaica eepia ho aiti, monana alx yamci ho
mainca-- "manci maisa 'o os'o lehocneni ne soni ci pxepx?",
akmeosx yacx na tx'tonasi, ni'te tmxh'xtx pohtonkunku, aomane
monana aezuhu zouho tuhtu'iei, ho yainca no koesi, pono asonx
a'a'ausna si, cino---?.

zou maica, mionanas'o a'xmxtx akei sohsohpoi ho yunsonsou,

isicu fihno tonxsi na hiasi ocia tomcovheni na pxepx , mi'oofeihni homo su'no yo'nxngx ne oii'isi, aiti homo su'no cumu ho mainca-- "uhne'ehe" .

micu i'vaho pcac'ohi ho uhno nano omiasi, fihno huyo no lanm'ocu ho ma'io no isi svopca cimo yo'nxngx, i'vaho maezo baito nomo mani'i ci sumsu ho mafungufungu no yoskx, zou no mioeno ake'i tmaskukuyungu cimo opeuno lingki ci chumu, monana tom'om'ohkuyu ho tosmesmehao, tesi akoevano haa'vaco hokameosneni na yoisi.

zou nemio, ho is hoaasi namo linki ci chumu, maisa isc'o holxi na feango no yoskx, akameosx meifti'i namo a'xmtx someoino yoskxaxlx, mo nanaalx smoeepe maita'e ho suovei "bunn" sa no yo'nxngx. nemio, mo nana bxhbxtexsx nomo ake'i mi'iei cimo mafexsx ci fatu, ho ni'tem'oosu'u no yo'nxngx, cu butasva eepia ho aiti na yoisi, cumanante, ci--- zouc'o i'vaho suu!

o'amos'a hahtu meolx, micu so ake'i ngoseo, hocu ake'icu mi'eopsi, isi nana pxta na pxepx, mx'cx'cxni ho yainca no to'tohxngx si, zou hocu alx mathx'to mainca-- "zouso su! misu koakuzo, ma te'o moza hafa maine'e ho tupuza" , isicu nana psipnga no snoeputa no taf'usi, hocu momaine'e.

ho micu yono hnou ho tuhtusingi, akameosa si talxa na osi hosopneni no snoeputa ci pxepx, isicu peuseiseita no cpxh'osi, ci o'a isi ahahta pexlxa, is ta'unano isi apeoha no ceonx, ahoinemio ho mais'ac'o 'a'uk'a, zouho o'tena cumasa.

o'amo noana'ote, 'e mamespingi mancis'a haa'o cohcong'ebxyo ho miocic'o teoteavto, 'ima micu nana mahmahafo! pano isi eno honga ci hahocngx (ci'aeno na nia pxepx na is ngho'x), isi iachia yaincano koesi, 'imamo maica na a'a'a'ausnasi!

o'amo noana'ote, isi cu peafa na ngho'xsi, moc'onana fihno hiasi yayo ho sutmapcuku no ceoa na oko, is nana miusni no inosi ho

tuhtu'iei, mala nana maezo ho alxcu tuk'ek'eo cocvo, aiti homo cocvo
ma micu axlx mx'px na hisisi.

teto aiti 'e hiasi yayo ta oko-- u'ka ci isi honga ci hahocngx ta
inosi; yayoc'o meelx sutmapcuku; teoumcomco ho txh'xtx cocvo;
peafa cu loehisi(teno ahtu maica na o'amo h'unasi ci piepia), ho osni
na'no m'uum'u no cinkoya na yasngxsi, zou na'no taso ho meelx
tipo'e, 'a eno eni-- 'e lato yainca to h'oehngva ta cou a'toana-- "ak'e-
yam'unm'a" 'o hia lato 'a'xmta einua, 'a isieno i'ima 'emo teneo
ho ma'cocacini ho tavezoya ci mamespingi, te uhta yatatiskova ho
to'usnu axt'xt'xcx ho eahaahafo ta cou a'toana.

文內鄒語音韻之變化
音位轉換：to'tohxngx - to'tohngva
音位轉移：yainca - mainca
元音省略：koyu si - koesi

翻譯之技巧

一、翻譯原則
1、語言之內涵爲其生命，應深入研究並瞭解族群傳統文
　化。
2、應避免強行譯成不同語言之語意，如mayasivi、homeyaya
　等坊間皆因各自屬性需求，而出現各自不同之中文詮
　譯，僅僅爲學者論述或公部門中文運用之權宜措施。族
　人對mayasivi或homeyaya自始至今從無不同的說法，外
　界應充分尊重各族群之族語及文化，學習欣賞他人特有
　族語之美，毋需強加不符實際、不被認同之轉譯文。
　（列中文之外來語有何不可？）
3、避免採用直、音譯、外來文或未經族群認同之詞彙爲原
　則。

4、翻譯精確妥貼、如影隨形；往往失之毫釐，謬已千里，影響深遠。

5、阿里山鄒語二大社尚未作鄒語之商議、共識及整合前，原譯漢或漢譯原之任何資料，應充分尊重二大社，否則不爲族人所認同。

6、目前鄒族語言學家皆非屬鄒族人（法國人及漢族），係精通原住民語法結構之語言專家（有跨族群研究語法），但對鄒族文化及族語實際運用不甚瞭解，故鄒族二社，應具有培養自屬「族語、文化專家」、建制部落「鄒族語言中心」及核審機制之組織執行，始可永續鄒族族語復振及成長發長之格局視野。

二、翻譯要點

1、翻譯應避免單向譯文，原翻漢及漢翻原應重複交互校核。

2、應充分尊重該使用語言族群；不同族群語言萬勿強加援引套用。

3、沒有絕對把握的中文字（詞）之成語或佳句應注意運用。

4、題材不清，萬勿任意翻譯；文化詞彙與詞句應清楚譯文。

5、譯文應符合條理；整段、整句易漏譯；數目字易看錯；語法結構不完整；詞彙易看錯等，數人逐字、逐句，並隔數日再核對。

6、如eafou（找山肉）譯爲打獵，甚符合漢族之字面翻譯，但飾智矜愚對鄒族文化更顯茫然不解。另鄒族爲純高山之狩獵民族，但並無打獵之專有詞彙用語，此乃爲對狩獵本身之謹慎度及對動物、大地之尊重度，故翻（轉）譯時，對鄒語之隱喻及文化之實義應特別謹慎，如su'ku（獸蹄）。蹄卽爲鄒族對野豬之暱（尊）稱。

三、翻譯要件

信：指原意明確並充分表達，卽譯者對原作者之負責與義務。

達：爲避免辭不達意，卽譯者爲讀者服務，展現原意、讀者易懂。

雅：譯文之藝術、美感及貼切，如彩妝得體與否。

四、譯後交稿或付印前的檢查工作

1、譯文完成後，「內文」應請未曾參與之第三者（數名不同專業）順詞。

2、語意、數字、符號、字體等細節詳實，應反覆的自我校核清稿。

3、個人應將譯文（全文）詳細核校（隔日及數次）。

4、注意符合譯文相關體例。

5、尤其對族群特殊語言及文化之牽絆。

如前例：ak'e- yam'um'a（長毛公公），若以字意爲長毛阿公（長有長毛的阿公）。因本詞彙具有部落族人的習慣用語、優美用詞，故不拘泥中文字意，而以尚不悖離其原意及族人習慣用詞，卽長有很長、很多毛，娉容修態阿公的尊稱「長毛公公」作譯文。尤其不同語言之間，甚多無法作相互精準或逐字對譯，故編轉譯文除應力求信、達、雅外，尚應注意部落族人習慣及文化之牽絆，更不宜按字意逐字翻譯。

湯姆歷險記

人物介紹

湯姆：頑皮搗蛋的男孩，整天想翹課不喜歡去學校，又常常會跟姨媽鬥嘴。

哈克：衣著破破爛爛，打著赤腳四處遊蕩的男孩。

姨媽：湯姆的母親過世後便收養了湯姆和弟弟。

佩琪：湯姆的女同學。

柴契爾大法官：一位威嚴的法官，也是佩琪的父親。

印地安喬：鎮上民眾所畏懼的殺人魔。

羅勃遜醫生：在鎮上開一間診所，也是唯一的醫生。

湯姆上學途中遇見哈克

這一天早晨，湯姆還躺在床上，滾來滾去，懶洋洋地根本不想起床，想著該用什麼理由可以不用去上學。於是假裝牙痛，一副痛得受不了地跑去跟姨媽說：「姨媽姨媽，我牙痛得受不了了，幫我去跟學校請假。」姨媽很乾脆地回答說：「原來是牙痛啊！待會來兒去給醫生拔掉就好了。」說畢，湯姆心想牙齒要被拔掉，而且還是得去上學，太划不來了。馬上打消念頭的跟姨媽說：「牙齒不痛了。」便無精打采地去盥洗，匆促地吃完早餐後就出門了。

半路上正巧遇到迎面而來的哈克。他是一個天天遊手好閒的孩子，有個愛酗酒的老爸，老爸也都不管他，鎮上的每個父母都告誡自己的孩子不要靠近他，但孩子都左耳聽右耳出，反而很喜歡跟他一起玩，因為哈克非常懂得野外求生技能，會釣魚、採野果、捕捉野兔……，非常佩服他。「你手上拎著死貓幹嘛？」湯姆說。「今晚你來找我，我再告訴你這個祕密。」哈克回答說。兩人簡單交談完畢後，就各自往反方向走了。

一座小山上的墳場

今晚兩人相約一起前往鎮上後方一座小山上的墳場，邊走邊聊。「你怎麼還拎著這隻死貓啊？」湯姆說。「我爸跟我說，墳場容易出現魔鬼，當魔鬼出現後，你就把死貓丟到魔鬼的身後，然後開始唸出咒語，接下來，如果身上有長疙瘩的人，疙瘩自然就會消失。」哈克回答說。「你身上長滿多疙瘩的，待會我就來驗證一下你說的話。」湯姆看了看哈克的身體說。兩人走到了墳

墓，接著就躲在墳墓旁的大樹下，靜靜地等著時刻到來。時間一分一秒的過去，忽然間好像聽到什麼聲音，難道魔鬼真的來了嗎？兩人緊緊抱在一起不敢出聲。

當聲音越來越接近，他們遠遠地看見三個人……。羅勃遜醫生提著煤油燈，印地安喬和另一個人手持鏟子，正當他們兩個人猜想那三人到底要幹什麼時，馬上便看見兩個人手持鏟子開始挖墳墓。「天啊！他們在盜墓。」湯姆和哈克驚訝地小聲說。原本想趕快跑下山告訴鎮上的大人們他們所看見的一切，但又害怕被他們三個人發現後，會遭到不測，於是只能呆呆地蹲在原地，不敢移動也不敢出聲，看狀況再伺機逃跑。不久，不知為何地聽見他們三個人起了爭吵，只見印第安喬拾起一把刀狠狠地刺向羅勃遜醫生的胸膛。

湯姆和哈克見到這一幕，嚇得急忙直往山下衝，早已忘記害怕被發現會遭受怎麼樣的後果。很快地，兩人跑到了姵琪的家……。「你們兩個怎麼流了滿身大汗，氣喘吁吁的？」姵琪說。「我要找你爸爸，我要告訴柴契爾大法官一件可怕的事情……」湯姆還在上氣不接下氣地說。後來，印地安喬被發現躲藏在深山的一處岩洞裡，被眾人合力將他拖出岩洞，逮捕歸案。隔天法院開庭，柴契爾大法官傳喚湯姆作目擊證人，湯姆就把當晚的殺人經過再一次地仔仔細細說給大家聽，證明兇手就是印第安喬。說畢，大家都感到非常驚訝湯姆的正義與勇氣。這天之後，湯姆立刻成為家喻戶曉的英雄，受到大家的愛戴。姨媽更是以他為榮。

刺激又豐收的歷險

「要不要去印地安喬藏匿的岩洞裡瞧一瞧？也許他有藏著不為人知的寶藏。」兩人異口同聲說。於是，兩個人便一起出發往岩洞的方向去。岩洞非常的狹窄，只容許半個人身的高度，於是他們小心翼翼地往裡面爬行，越深就越窄。突然間，岩洞的深處發出微微的金色光芒，便更好奇地往裡面爬……。他們發現有一

個發著微光的袋子，夾在兩根石柱間的夾縫中，爬在前方的湯姆就用一隻手將那袋發著微光的袋子奮力地拖了出來，兩人正猜想會不會是珠寶的同時，一邊準備打開袋子。

果然，一道金黃光芒，閃耀地瞬間直射他們的臉頰，原本漆黑一片不見五指的岩洞裡，頓時也整個被照亮了起來，他們幾乎不敢相信眼前所見到的一切，「天啊！好多的金銀財寶啊！從今以後我們就是富翁了。」興奮地又叫又跳地說。後來，湯姆回想起曾躲藏在岩洞裡的印地安喬，跟哈克說：「會不會就是印地安喬當時一起帶進岩洞裡的寶藏？」哈克仍在興奮的氣氛當中根本沒理會湯姆在說什麼。「湯姆，有錢之後你想做什麼？」哈克說。「我想跟姵琪結婚。」「你還是個小孩子耶，這樣想也太早了吧！」「那你呢？哈克。」「我不想再流浪了。我要改變我髒兮兮的模樣，成為一個乾乾淨淨且彬彬有禮的小紳士。」於是兩個人異口同聲地說：「那我們先把寶藏收好。」兩人把寶藏藏好之後，便一起開心地走下山。「湯姆，還想再探險嗎？」哈克說：「當然！還有什麼比探險更有趣好玩的呢！」「好，那我們想想下一次要去哪裡探險……」

湯姆歷險記（翻譯成鄒語）

tmotmaseiti ta Thanmu
（2018原住民族語言研究發展中心委託翻譯文章）

'e yatatiskovasi

Thanmu-- popeispak'i ci oko no hahocngʉ, coninoc'o mioci psasoe o'te tmopsʉ ,'oha kaebʉ uhuta 'oyonatmopsʉ, ho asngcʉc'o yutasufku to inosiconi.

Hakho-- la totpitpihac'o 'o 'i'ihosasi, la hatasi ho svamimioac'o ci oko no hahocngʉ.

Ino-coni-- ne mohcu kuzo 'o ino ta Thanmu, osi cu yaa ho aʉt'ʉca 'e Thanmu ho 'e ohaesasi.

Pheichi-- la tmahmʉhmʉskʉ 'e Thanmu ci okono mamespingi .

Caicio Taihokan-- la na'no mismoyoa ci Hokan, zou Amo ta Pheichi. Intian-cea-- lahe toehunga smoyoa ta Vulaku, cila'so sokuici yatatiskova. Loposun-Leaotothomʉ-- mo yaa Vioin ta Hosa tan'e, zou enic'o 'e Leaotothomʉ tan'e.

Thanmu mo yupteilʉ 'e Hakho ne tee uhta 'Oyonatmopsʉ.

ta taseona maitan'e, mon'a tmaispʉyʉ ta hopo si Thanmu, mo tmaevaevoezuhu, ma'mio no o'amos'a mioci cu yʉc'ʉ, mo mau'to'tohʉngʉ no tesi pat'ausna ho o'amo mioci uhto 'oyonatmopsʉ. zou micu mecocong'e hisi, ho memamais'amo kuiici congo, toe'usnu to Inosiconi ho mainca-- "Inoconi! Inoconi! mi'o kuici cong'e hisi, to'unin'a m'ea tosvo to 'Oyonatmopsʉ", esosonʉ 'e Inosiconi ho mainca -- "mamisu cong'e hisi! tena mooza poa e'ohneni to Leaotothomʉ. cu eepʉnga, ta'to'tohʉngva ta Thanmu hote tue'oha 'e hisi, ho maica teec'o n'ano uhne 'Oyonatmopsʉ, ma'ite h'aseolʉte. osni ma'zuehu ho mi'usnu ta inosiconi ho mainca-- " 'anamios'a congo co hisi'ute", mais'a moc'o su'suu'mu hocu yoemuyu, mo osno'ionʉ oepʉxngʉ hocu moyafo.

ta ceonʉ isi ala yupteilʉneni, zou mo yupa mo'usnu 'e Hakho, lac'o a'ʉmtʉ huhucma si kaebʉ mimimioc'o ci oko, mo yaa voemia ci Amo, leasino'so na'no cumasa ta vamʉsi.

ta hosa tan'e, 'o mama-maameoihe acʉha pahsʉsʉfti 'e mao'o'okohe, 'otes'a mocmu'u ta Hakho, at'inghi 'e mao-'o'oko panolano tmalʉ, naama lahe kaeba no'upi peispak'i 'e Hakho, 'amono'so na'no bobochio ta a'a'ausna ta fuengu, meelʉ toalungu, toa machachae ta e'muna, soa yutuka⋯, ko'ko lahe cuno toehunga hufofihia. "teko cumaa ci tiatatviei tamo mcoi ci ngiau ?", yaica ta Thanmu-- "uhutan'e ho ei'ima a'o ho yofna, ta'uno pa'cohieni 'o efʉefʉnga si", mo yut'ingi 'e Hakho ho mainca. 'e yoso co'o sonʉ ci yupeahnguyu, cu eepungu micu yupa ethusu hocu mopeevai.

Kuici ceoa tomo okono hcuyu

maitan'e yofna mo yu'tasvutu 'e yoso, te nana yuyuso uhto
Kuici ceoa tomo okono hcuyu, zou ta f'uhuta hosa, mo coeconu ho
yupepeahnguyu···, " man'ci iko tiatatvia simo mcoi ci ngiau!"
yainca ta Thanmu," osi yainca to amo'u, la lua yuyafo 'o hicu to kuici
ceoa, ho tac'u no yuyafo 'o yano voecuvcu, tako to'seni to f'uhusi
'e micu mcoi ci ngiau, hoci pano la yaa potiehiea, 'o potiehi si, tac'u
haa'o uk'ana" , isi yut'inga ta Hakho ho yainca-- " mo man'i si
potiehi ta feango su, zou aomane ta'u hsuvuta 'e osko enguha na hiasu
emio" , 'e Thanmu isi mihmi'usni 'e feango ta Hakho ho yainca. micu
suc'uhu ta kuiciceoa 'e yoso, zoucu totoefungu tamo kahkumnu ci
peongnoevi, ta cunm'usi ta kuici ceoa, aut'it'inghi ho mooteo no tac'u
esmio. zou maica, mais'amo tma'sahmusku ci cicvi ho ehecaefi 'e hie,
ci haa'o mais'a panoisi talui, mion'asi a'umtu esmio na hicu?, 'e yoso
mo yupa su'funu ho mais'a 'a'uk'a.

'e isi talui, isi ausuhca tacumu'i, ihe so'eumcovha ho aiti, mo
tuyu··· Loposun-Leaotothomu mo tiatatviei ta Lanpu, Intian-ceo ho
tamo cihi, mo tiatatviei ta 'oyomiana sicngi.

'e yoso ne ihen'a yota'ausna, zou cuma na tehe hioa ta tuyu?,
nemio, osnia aiti tamo yoso, mo boemi ta Enpi ho ahoicu yu'e ta
kuiciceoa. "maene! tehin'i meo'eoi ta heuf'a" , 'e Thanmu ho
Hakho mihin'i yam'um'i ho tmuha'o ho mainca. ne mio mihin'i
mioci asno'ionu toemain'e ho pa'cohieni to maameoi 'e ihin'i aiti,
zou'so maezo ngoheungeu ho cihe teolui tamo tuyu, tee'so asonu kuici
a'a'ausna, ko'ko cuc'o aemu'onu suutut'ingihi, ho o'te smeecu'ho
aot'ot'ou ho 'aptaptaungu, akoevano pohpocenga na peipeis'ausnahe
hocu toekameosu, 'a mos'a noana'o, ci talui 'omo tuyu mo yupa
tmu'tuyu, aiti ta Intian-ceo isi ticexha tamo conci fu'fu, yotonuneni ho

to'simi ta t'oenga ta Loposun-le aotothomʉ.

　　ihe aiti ta Thanmu ho Hakho na eni, kuici ngohengeʉ ho asnosno'ionʉ peiseovcu, 'anaihe ta'cʉ'ha zou hoci he aiti, te mainenu na tesi a'a'ausna, 'e yoso osnic'o toecʉ'ho ta emoo ta Pheichi--" manci mimus'a na'no yuhohaengi ho alʉ tec'u yʉntʉʉhi?" yaica ta Pheichi.'a te'o ei'ima 'o Amosu, te'o pa'cohieni to Chaicio-Taihokan 'omo conci ko'sosmoyo ci a'a'ausna···" , c'ona yuhyuasvtʉ ho mainca'e Thanmu.

　　micu noana'o, ihecu elʉa 'e Intian-ceo, mo totoefʉngʉ to feongo to mʉ'eona to fuengu, ihe toehunga eafi to feongo to botngonʉ, hocu tʉtpʉta. ne micu hucma cu ahoi yahioa 'e Hooin, Chaicio-Taihokan isi popeoskuna 'e Thamu ho poa evahneni na isi ma'a'aiti, 'eThamu isicu eʉsvʉsvʉta ho esansana, ho zou a'ʉmtʉ Intian-ceo namo himhohioa, cu eepʉngʉ, ihe toehunga taunona'vʉ 'e hiasi soma'tuhcu ho timei ta Thamu, ahoi ne mio, osnia cu acʉha cohivi ta maehuehungu ci ʉmnʉ ci yata tiskova, ho toehunga koe'ia, zou yaezacu ieni bihbitano ta inosiconi.

yam'ʉm'i ho man'ici toc'ʉha ci tmotmaseiti.

　　" teto uhuto osi totoefʉngi to Intian-ceo ci feongo ho aiti, nenusino pano o'aisi poa cohivneni no mocmo ci yupasʉsi" , 'e yoso mo cono tumunsohʉ ho mainca. zou,'e yoso micu yuyuso ho mo'usnu to oi'i to feongo. 'e feongo moc'o na'no mepsu, ho co mais'a 'e cpʉh'o 'e hia bankakea, mihin'i cu bumeemealʉ ho yu'sipopoha'o ohmʉ'sonʉ, mo fihto hia mʉ'eona ho nama ausuhcu lomtʉ, ne mio to mʉ'eona si ci mais'a panomo ake'i psoetikou, cu na'no taunona'vʉ ho yu'sisuhcu···, ihe aiti pantomo ake'i psoetiskou ci efucu, mo msipngi to feongo to pae'ohsa to fatu, 'emo maakako ho muyo ci Thanmu, mo boemi ta conci emucu si ho bitotonʉveni e'tʉi ho eafi 'emo psoetiskou ci efucu, ihec'on'a yota'ausna zou nana Kin hocu ayoca ocia paavi 'e efucu.

zou a'ʉmtʉ, mo cincinkoya ho psoetiskou ta sapcihe, 'e moso kuici voecʉvcʉ ci feongo, haa'va acʉha psoetiskovi, a'ʉmtʉ o'a ihes'a taa'uiva, zou aʉcʉcʉhʉ 'e ihe teo'si, " maene! zou a'ʉmtʉ man'i ci yupaasʉ! ahoi maitan'e 'a tetocu a'ʉmtʉ yuyupasx", kokaekaebʉ osioyʉ ho smoeftifti'i ho mainca. cu noana'o, isi ta'voveia ta Thanmu 'o moso la totoefʉngʉ ta feongo ci Itian-ceo, mo mi'usnuta Hakho ho maica-- " zou nana osila hafa uhta feongo to Itian-ceo ci eefxefxngasi?" .

'e Hakho mon'a son'a angu kokaekaebʉ o'aisi amaka cumasa 'e isi engha ta Thanmu···

"Thanmu, ho takocu yaa peisua cumana teko ocia hioa?" yaicata Hakho. " os'o cu ocia vcongʉ 'o Pheichi" , " 'a mikon'a nos'a angu oko, maica angucu osni!" , " zou na suu? Hakho" , " 'a na mi'osa mioci svamimioa, te'o taezuha 'e hia'u micoca'ia, zou hocu acocofkoya ho luaenva ci yonghu ci oko" , zou 'e yoso conoc'o mainca--" teto aueva sia ho soʉlʉlʉa 'e yupasʉ" , ihecu aepʉnga sia tayoso 'e e'elʉahe, cu kokaekaebʉ yuyuso ho emaine'e.

"Thanmu,mikon'a mioci mimimio ho i'vaho tmotmaseiti?" yaica ta Hakho. " no ahtu o'te! panomono ʉmnʉhe ho mo mimimio ho tmotmaseiti! " zou, teto ta'to'tohngva tatola mo'usnu nenu ho i'vaho tmotmaseiti"

愛麗絲夢遊仙境

愛麗絲是個異想天開的女孩，在她的世界裡什麼事情都是正常不過的事。

比如說，追逐一隻穿著衣服的兔子也不足爲奇，追逐中忽然掉進樹洞，開始展開愛麗絲的夢遊仙境⋯⋯

神奇的大鼻子門把

愛麗絲緩緩地掉進有著大鼻子門把的谷底，看見裝滿水的瓶子便喝了它，忽然身體瞬間變小了，吃了箱子裡的餅乾後，身體又變大了，比原來的她更大了，原來一扇會說話的大鼻子門把，會不斷變出各種神奇的東西。愛麗絲難過的哭了起來，滴下來的眼淚都成了河流，於是她喝了飄在河流上的瓶子裡的水，瞬間又變小了，噗通一聲，就掉進了瓶子裡，順著河水漂流。

漂流中，她又遇見了那隻兔子。愛麗絲立刻離開瓶子追逐著那隻兔子，卻被一對愛表演的小玩具娃娃阻攔了下來，他們就像是一對雙胞胎，動作、說話都一樣，儘管愛麗絲對他們說在找一隻兔子，他們就是聽而不聞。於是愛麗絲無奈的說：「我可以留下來看你們表演，但你們要告訴我兔子往哪邊走了。」小玩具娃娃就開始陶醉的表演起來。就在他們正興高采烈的表演時，愛麗絲就趁機偷偷的溜走了。

撐破兔子的房子

愛麗絲看見一個非常漂亮的小房子。邊走邊說著：「不知道誰會住在這裡呢？」兔子剛好走出大門，愛麗絲便湊了上去要跟兔子說話，但還來不及張開口，兔子就急著叫愛麗絲進門幫他拿公事包，因為急著要去上班，根本不給愛麗絲說話的餘地，於是她還是乖乖地聽兔子的話，進了屋裡。進了屋裡，看見一個盒子裝滿了餅乾，便順手拿起一片餅乾來吃，她又瞬間變大了，把兔子的房子都撐破了。後來她想起來要吃點東西就可以把自己縮小，於是她將手伸出去，朝著菜園拔起兔子種的紅蘿蔔，兔子奮力阻止，結果連同兔子都被拉進屋子裡去了。

愛麗絲跟兔子說：「對不起，我一定要吃點東西，才能變回來。」吃下去後結果縮得太小了，只能從老鼠洞口一樣小的門縫鑽出來到花叢。兔子看著懷錶又急著說：「我快遲到了，上班來不及啦！」一溜煙地就跑不知去向了。這時因為愛麗絲變得太小了，連隻蝴蝶都還要比她大，根本追不上去，像是隻小蟲在花叢

中鑽來鑽去，找不著出路。

花叢間的千變萬化

在花叢間，愛麗絲看見一隻隻蝴蝶飛舞追逐著，像極了被切開來的吐司麵包。後來又聽見會說話的各種花朵，拿起指揮棒的玫瑰花、百合花蕊變成的豎琴，鈴鐺花是小鼓跟大鼓，還有一排排喇叭花朵合唱團。它們整齊的合唱著歌，像是一場音樂盛會。愛麗絲也跟著合唱了起來，好不快樂，壓根忘了要去追逐那隻兔子。

不久愛麗絲在香菇園遇見了一隻叼著菸斗的毛毛蟲，這隻抽著菸的毛毛蟲，可以將菸吹吐出各種圖案，讓愛麗絲非常驚奇，可是煙霧一直往她的身上吐去，讓她非常受不了的想逃離。但毛毛蟲說：「我有重要的事情對你說啊！」此時愛麗絲的好奇心又被驅動了起來，只好乖乖地走了回來。這時毛毛蟲就在自己吐出來的煙霧中化成了一隻蝴蝶，對著愛麗絲說：「一邊可以使妳變高，另外一邊可以使妳變矮。」說畢後就飛走了。

但愛麗絲根本來不及意會牠所說的話。這時愛麗絲將左右兩邊的香菇各採取了一塊後，選擇了左手上的一塊香菇咬了一口，身體又變得比原本的自己大上好幾倍，瞬間從樹林裡竄出天空中，連自己都嚇呆了，很快的她把右手邊的另一塊也咬了一口，瞬間又變回像昆蟲一樣小，縮回到地面上。愛麗絲心裡想：「如果把左手邊那一塊輕輕地舔一下，應該就可以剛剛好變回原本的自己了。」果然，終於變回原來的模樣了。

迷了路的森林裡

於是她開始漫無目的地走著走著……，樹幹上掛著好多種方向的路標，這搞得已經迷路的愛麗絲暈頭轉向，不知如何是好。忽然眼前遇見一隻大貓，愛麗絲便詢問牠要走哪一條路好呢？結果大貓指引一條通往瘋子村的路，說畢立刻就消失不見了。

愛麗絲果然闖入了瘋子村，村裡所有人的說話、動作都是顛

三倒四的，讓愛麗絲根本無法和他們好好說話。此時，兔子剛好經過這裡，被愛麗絲看見了，於是又追了過去，但終究還是追不上。走著走著，走進了另一片森林，裡面的動物都長著奇怪的模樣，有長著喇叭嘴的鴨子、也有小鼓形狀的青蛙等等。

但她發現了一條小徑，正以為可以通往回家的路時，遠遠地看見一隻長著掃把嘴的狗，緩緩地走了過來，將這一條路掃不見了。這讓愛麗絲更不知所措，覺得自己將永遠被困在森林裡，於是難過地坐在原地哭了起來。

夢醒前的最後時刻

不久，那隻大貓又再度出現，說：「妳還想追那隻兔子嗎？」愛麗絲說：「不想追了，我只想要回家，可是我找不到回家的路了。」於是大貓給了愛麗絲一條回家的捷徑，但其實是一條曲折又漫長的迷宮。在裡面遇到了撲克牌皇后，皇后要她配合玩一場高爾夫球比賽，輸的人就要被砍頭。

就在遊戲過程中，愛麗絲一直出錯，這讓皇后非常不開心，氣得皇后下令要處決她。愛麗絲緊張地將雙手插入口袋裡，結果摸到先前吃剩的香菇，於是快速的塞進嘴裡吞掉，身體突然就變大了，因為變大了就不怕皇后的審判，開始要準備對付皇后。不料，才準備要對付皇后時，卻又瞬間變小了，原來，她剛剛是將左右兩邊的香菇都一起吞了下去，所以才會瞬間變大又變小。愛麗絲開始奮力的逃跑，皇后和她的侍衛就緊追在後。

不久，愛麗絲又遇見了先前那扇會說話的大鼻子門把，她奮力的想打開，好逃離這裡，門把便張大了鑰匙孔說：「妳已經逃離了！」愛麗絲往洞孔一看，結果看見了外面的自己在睡覺，於是她放聲大喊自己的名字，想要叫醒自己。

睡臥在大樹下的愛麗絲突然驚醒了起來，醒來後還不自覺的唸唸有詞，像是還在做夢似的。愛麗絲夢醒了。

愛麗絲夢遊仙境（翻譯成鄒語）

peoupeou no 'a'uka ta Ailis

（2018原住民族語言研究發展中心委託翻譯文章）

'e Ailis uk'a cilasis'a o'te ta'cx'ha ci oko no mamespingi, zou ta 'tohngxsi la acxhxc'o nano yu'a'xmnx 'e axcxcxhx.

maitoeno, meobango tomo sx'exsx ci yutuka leano huaca mau'nona'o, nemo yupebobango 'so akameosx haa'o suoyo to feongo to evi, zoucu ahoisi ta peoupeou no 'a'uk'a ta Ailis⋯

taunona'vx ci loengxcx 'otimia phingi

Ailis mo tma'popoha'o ho su'tomo yaa loengxcx 'otimia phingi ci mx'eona to feongo, baito to isi songcngci to chumu ci pania, isicu ima, haa'oc'o akameosx tmu'okosi 'e feangosi, homicu no bonx to kamcia to Hako, cu i'vaho tmumeoisi 'e feango, ho na'no meoisihe to anana'osi, 'ima 'emo meelx ya'ei ci loengxcx 'otimia phngi, la meelx tipo'e to mo mav'ov'o ci ma'maica. mo nac'o ho mongsi 'e Ailis, 'emo tma'peopeohx ci esxxsi cu alx mais'a cu c'oeha, ne isi ima 'omo meaoskopx to c'oeha ci cumu to Pania, akameosx i'vaho tmu'okosi, bunsa! 'o isi talxi, mo su'ayumonx to Pannia, mea'ofeihni to chum to c'oeha.

nemo meahmeaoskpx, isi i'vaha yuptexlxneni 'o yutuka, 'e Ailis micu osni mongoi ta pania ho mee'ofeihni to yutuka, imaisi'so nomxti tomo yuso cimo kaebx peistotothomx ci 'Omocea no ucoua, ci mais'amo hopngo, 'eno peipeis'ausnahe, hiahe ya'eia conoc'o hmxhmxskx, upena ho isi yainca ta Ailis isi i'ima 'o yutuka, ihec'o meoo'te talxi.

ko'ko' isicuc'o moza yainca ta Ailis "te'o baito ta peistotothomxmu, at'inghi temu pa'cohieni a'o mo mo'vonx 'o yutuka", 'e 'Omocea no ucoua cu ahoi iachi na'no kaebx hocu peistotothomx. ne mohcu seolxano na'no 'Omosiloi ci peistotothmx, micu haa'o puku 'e Ailis.

yuf'oi'e emoo ta yutuka

Ailis isi aiti tamo na'no yonghu ci moc'o okono emoo, mo mo'usnu mai'ta'e, eachi ho mainca, "o'aisi cohivi sia nala yontan'e!"

mo axlx moyafo ta phingi 'e yutuka, mo mo'usnu 'e Ailis te mioci ya'ei ta yutuka, amcumo amako tiv'ov'ohx mathx'to, 'e yutuka isi emeueusa 'e Ailis, poa yxememe ho pahafneni 'o Kavan si, 'amono'so ahuhum'i tecu Sukin, isi no amaka poa matnxskxa 'e Ailis, zou micu tma'ofehini ta e'e ta yutuka, ho bohmxemx ta emoo. cu yxmexmx, aiti 'e isi songcxngci ta Kamcia cimo conci Hako, ha'oc'o ticni ta kamcia ho ana, ci akameosx na'no tmumeoisi, isi yufaci 'e emoo ta yutuka, zou yaicano koesi, te ake'i bono ma'maica, te meelx iachi tmu'okosi, isicu hoyafneni 'e emucusi, zou ho'usneni ta Chachae, tum'um'u to isi mx'a to yutuka ci mo fxhngoya ci Taikon, isi yotonxveni ho ocia hxfkxti ho tiuputa ta yutuka, 'amaisi 'so naamahe e'upa eemxema ta emoo 'e yutuka.

mi'usnu ta yutuka 'e Ailis ho mainca-- "aupusu'sio, 'ate'o kananazu bono ma'maica, ta'u no meelx tmuovei okosi", ataveisi mamo'so aenguzucu angu tmu'okosi, tec'o mita mo mais'ac'o feongno buhci 'o hia mepsu ho moyafo ta Hahana. isi aiti ta Yutuka 'e huomiahiesiemeumeusu ho mainca-- "ta'ucu mon'i 'Okulelu, o'te tiv'ov'ohx Sukin!" ho akameosa o'te cohivi na isi toe'usni. nemio, 'e Ailis mo angu okoosi, zou 'ec'ono tokeuya, mamon' a meoisihe, teno'so aahtu tmoevo'ho, mais'a mo yonta Hahana ho toevavovei ci okoono yoi, zou ho o'te elx no ceo no moyafo.

miav'ov'o ci h'aemonx ta Hahana

ta mx'eona ta Hahana, isi aiti ta Ailis 'e matotokeuya mo

meiavovei ho yupebobango, mais'a 'o lac'u s'epcia ci Thusx-Menpao.

zou hocu yaeza talxi 'omo meelx ya'eici mav'ov'o ci mabxbxvnx, mxpta 'oyomiana ma'cohio pasunaeno ci Maikai, 'e bxvnxno tavaciei tmuezuhu ho mais'a'ola p'esngxcva ci tngootngo, 'e bxvnx cimo tmiehi, an'asi okosi ho meoi ci Taiko, 'o mon'a bitoyange ci bxvnxno Tavaciei cila lepasunaeno, mo tmxhmxxskx homo tmuteuyunu, mais'a zou meoino peistotothomx no pasunaeno. 'e Ailis cu maezo pasu'upu pasunaeno, mono o'te aseuc'o kaebx! maisicu a'xmtano ta'payo'a hote mee'ofeihni to yutuka.

o'a mo noana'o, 'e Ailis nemo yonto kokoyu, isi aiti 'omo esufeoya ci pongexngex, 'emo esufeoya ci pongexngex, mo meelx meefeufeu tomo mav'ov'o ci mais'a zunga, isicu na'no taunona'vx ta Ailis, at'inghi 'e feufeu isi asngcva'so pee'usni ta feango ta Ailis, mo na'no'oha na ma'kaebx hocu mioci toekameosx.

at'inghi isi yainca ta pongexngex-- "panto te'o exsvxta suu cimo na'no Hicuyo!", ne mio 'e koasi mioci bochio ta Ailis, cu i'vaha pout'ot'ova, zoucu tmaayaezoyx ho moovei. ne mio 'e pongexngex mo yota isi iachia ptuyafneni ci feufeu ho ha'o tmutokeuya, mi'usnu ta Ailis ho mainca-- "'e tan'esi teko meelx tmu bankake, 'e ciengonasi, tesi peela poa cxecx na suu", eepxngx cu mei'usu maita'e.

at'inghi 'e Ailis o'a isi amaka tiv'ov'oha ta'cx'ha 'e isi engha. ne mio 'e Ailis,'e veina hota vhon ta emucusi, mihcu matotocni ta koyu, isi kac'ohihe 'emo yonta veina ta emucusi, 'e feangosi cu i'vaho na'no tmumeoisi, mo na'nohe meoisi ta anana'osi feango, akameosx i'mita 'e'evi ho mai'ta'e ne engxca, mo iachi na'no yamci, osniac'o yaeza kac'ohi 'omo yonta vhonasi ci koyu, osnicu tmuovei mais'aco yoi 'e hia okosia, ho tmuovei ta ceoa.

yaica no to'tohxngx ta Ailis, hoci 'emo yonta veina'u hci ake'aco pahpaceicei, nenusino tec'o auseoseolx tmuovei to anana'o a'o. zou petohxyxcu tmuovei ta anana'o iachisi mi'a'ausna.

mo exngcx ta mx'eona ta fuengu

zou micu ahoi uk'a nama 'xtohxngx no mo'usni, ho moxnpxnpx mo'usnu mai'ta'e··· ta na'si ta evi, mo man'i 'e isi teiteiha ci mav'ov'o ci mas'ausna ci huomia, 'e micu iachicu moexngx ho mohmoyomo ci Ailis, 'ana isi cohivi mate mainenu te xmnx.

nemio, mo haa'o baito tomo conci meoi no ngiau, isicu tuocosi-- te momio nenu te xmnx?, 'e ngiau mo mas'osx ta ceono uhto Vulaku no exngcx, eepxngx cu akameosx uk'a.

'e Ailis mo a'xmtx moemxemx ta hosa no exngcx, ta hoso tan'e, acxhx homo ya'ei ho'e peipeis'ausnahe, mo acxhx c'o ehehepuyu, 'e Ailis 'amos'a ahtu meelx buemealx mi'usnu ta botngonx ho yupeahngxyx. ne mio, mo alx esmio 'e yutuka, isi teolxi ta Ailis, micu meobanga, at'inghi o'a mo ahtu tmoevo'ho.

cu mo'usnu mai'ta'e, moemxemxe tamo h'unasi ci 'e'evi, 'emo noemxemx ci yuansou mo na'no mih'unasi, pantomo mimais'a Lapa 'o sumsu si ci hanahana, ho mais'a okosi ci Taiko 'o mi'a'ausnasi ci fo'kunge.

zou is teolxi 'omo conci ceonx, isin'a ta'unano zou ceono ptumain'e, isi so'eumcovha ho aiti tamo mais'a si'ngi ta sumsusi ci av'u, mo aupopoha'o ho mo'usnu, tusi'nga ho tu'uk'ana 'e conx.na eni 'e Ailis, nama o'anaisi cohivi na isi hioa, iachi ta'unano tecuc'o aesisi novehngu tan'e, micu ma'nanac'o, ha'oc'o sutmaipcuku hocu ma'a'e.

auyusi ne tec'u bochio

'amos'a noana'o, 'omo meoino ngiau cu 'ivaho sapci, isi yainca-- "tekon'a ocia peobanga'o yutka?" , isi yainca ta Ailis-- "'ana os'os'a,mi'o cuc'o mioci main'e, at'inghi o'a os'os'a elxa'o ceono'u main'e" , 'e meoi no ngiau isicu pa'cohivi to ceono yxsngcx no emain'e, at'inghi 'aman'asi mokenkengu ho covhi ci ceono ma'kukuyungu. ta ceonx, yupteilx 'e Tolanpu Hoanho, 'e Hoanho isi ocia poa peis'upu tate upa'aatpxtx ta KolufuVoolu, nate o'te atpxtx te hifngua.

ta peistotothmx tan'e, 'e Ailis mo asngcx o'te emio, na eni zou 'eo'eongx no 'oha kaebx ta Hoanho, mo sx'no 'e Hoanho ho yainca te opcoza. zou 'e Ailis mo ngohngohexngx isi hoevenei ta Poketosi si aavai ta emucusi, 'ama isi txlxa 'e osi ongacvi ci ungo, isicu aupciva teoeva ta sumsusi ho yxmca, 'e feango si haa'ocu tmumeoisi, 'amicu no'so na'no mamtanx 'anate si smoyoa 'e hia mahsxhxsvta ta Hoanho, zou ahoicu aoyocx mioci 'a'usnuhe ta Hoanho.'a maene! co'na'a ahoza ocia 'a'usni 'e Hoanho, ci'so akameosx i'vaho tmu'okosi, 'ima isi cono pnxska 'o moso yonto vhonasi ho veinasi ci koyu, ko'ko mo akameosx tmumeoeoisi hocu akameosx tmu'okosi. 'e Ailis micu ahoicu itotonx ho toekameosx, 'e Hoanho ho 'e Lesmo'eisi, mo meobango hocu pecmu'u ta f'uhu.

'amos'a noana'o, 'e Ailis isi yupteilxneni 'emo meelx ya'ei ci loengxcx ti'eopa phingi, isi itotonveni ho ocia paavi, zou ho meelx toekameosx tan'e, 'e 'otimia phingi, isi poa meoisi sila homito 'oemianamaavo ho yaica-- "'amikocu toemongoi!"

'e Ailis mo smo'exh'xtx ta feongo ho baito, zou is aiti ta iachisi ta yafana cimo oengxtx, zoucu osioyx ho yooho'a 'e iachi si onko, ocia ptasmomia. 'emo tohbako ta peongu tamo kahkxmnx ci evi ci Ailis, ci akameosx peismomio, cu ma'txtxs'x zou ho eachi, mais'mo ycei, 'e Aailis petohxyxcu a'xmtx bochio.

鄒族短篇（油桐、涉水過河、傳奇的長者、祖母的煙斗）之漢譯

kaxsayx（油桐）

'o kaxsayx, ta 'oyona ta cou ne noana'o, malac'o 'axnpxnpa

peela aiti, lato na'no cohivi, at'ingha o'alato a'xmta no honga, zou
to lato maeengha, mionana mais'a 'o vasavi ho miunga, ohelanana
hafa no maaya ho uhta taivan, ho poa emx'neni ta ma'o'oyona ta
cou, 'o lato cohivi ci evi no kaxsayx, mo tuyu no mav'ov'o— 'omo
coni zou kaxsayx no noe'in'i, 'omo yuso zou kaxsayx no sxmcx ho
kaxsayx no ana. zou kaxsayx no noe'in'i 'o lato atva'esa na'no emx'a,
ko'ko latoc'o yainca-- "kaxsayx no axlx", honcic'oeno yainca--
"kaxsayx" ci 'aeno eni 'e isi yainca.

i'ola peela ana ci kaxsayx, 'alas'a lua aitite, ci mais'ac'o 'omo
atva'esi noyovcu ci ceonx ta hosa ta tapangx, zou to evozasi 'o panto,
ac'xhx tacu maitan'e 'a panton'a! zou 'a a'xmtx! ahoi ne mo'un'ala
oko ho yainca no 'tohxngx'u, lahe yainca to mamameoi-- "la peela
ana ci kaxsayx", teenana a'xmta peela ana? zou ac'xhxcu maitan'e,
o'a mocu la'us'a ahta a'xmta cohivite, tenana a'xmta peela ana?

'e evi no kaxsayx ta totovaha, ahoi to taicosi to feohx-no-'sxpta
lac'u ahoi bxvnx, asonx to taicosi to feohx-no-'eema tac'u aepxngx 'o
bxvnxsi, homo atva'esi man'i 'o bxvnxsi, 'alano'so aucunu fxecx'ia/
fxecx'za 'o mauhcuhcuyu ho mafufuengu, ko'ko lahe yainca to
khe'eanga zou "yuhono 'eema". zou ta cou, 'omo atva'esi soman'a
ci bxvnx no kaxsayx, 'ai'one oi'ana, ho isi sobaki 'o mamimiobako to
apihana, mala a'xmtx yonghuu ho isi aiti!

ne noana'o ho tac'u kahkxmnx 'o evisi, 'a tatocu no teoca,
lato emx'i to keetxe ho ito koyu, la asonx totueha, ho tac'u na'nocu
cmxfex 'o kononxtnx, 'ana tenas'a zouho cmxfex 'o koyusi, 'a tacuc'o
no teai tuapiu/tuapzu, zou 'emo maica ci evi, 'alatos'a ake'a a'hi'hisate,
tacu no maitan'e 'ana latos'a na'no emxm'x to koyu, ko'ko micu eno
mais'a 'o pcxx ho man'i, la na'no koa yonghu ta 'oyonato, mo maica
'e lato hia bohngx ta kaxsayx.

油桐（譯成中文）

油桐，早年在鄒族社會隨處可見，我們非常熟悉但不太認識它，在我們傳說中，它同山葵、蘘荷一樣是日本人引進臺灣教我們種植。鄒族部落地區，我們所認知的油桐有三種：軟質油桐樹、硬質油桐樹及可以吃的油桐樹；而軟質油桐樹最常種，所以我們稱之謂「真正的油桐」，如果單純的說「油桐」說的就是這個。

可以吃的油桐，是不常見到，好像只有在達邦社區道路最下側的路下方，一直到現在還在，是真的喲！從小就心想，長輩說：是可以吃的油桐樹。真的可以吃嗎？一直到現在，我仍然真的還不知道，它是否真的可以吃？

這油桐樹，每年從四月中旬開花，約到五月中花期結束，盛開時期，整片山都是雪白色，所以客家人稱之謂「五月雪」。我們鄒族最多油桐花是南三村，當我們看對岸的坡面真的是漂亮極了！

以前油桐樹長粗後，我們就會砍伐種木耳及香菇，差不多第三年，長出大菇後就不太再出菇，而就只當柴燒，對這一樹種我們一點都不會浪費，現在我們不再砍樹種菇，所以它就跟臺灣欒樹一樣多，更添部落的美麗，這是我們對油桐樹的理解。

supihi（涉水過河）

ne noana'o ta fuengu, la na'nosino uk'a hiapeoza cite peela mia mopihi to va'hx, hote mioci uhne fuengu ho yaahioa, acnic'o supihi to va'hx, ne momian'ala 'o'oko, 'so 'ohamocu tasko supihi, conoc'o 'ola evasxzx ci mamameoi 'ola eakaako hocieno o'te sviei ho mopihi. yainca to ak'i-- "hote mopihi to c'oeha, la ahtuo'te biebimi tomo ake'ihe smoococoyx, zou to ake'i mia'usnu to ayovcusi, tola peela aiti ho husansana 'o mx'eonasi, honcino himeu, la boemi to isi s'ofx ho zoothothomi na hiasi fozu ho hiasi smomacongoa, honci o'te asansana, 'alas'a aha'o 'axnpxnpx mioci mopihi", ma teeno mainenu hoci o'te

探路：智慧之毛第三集

134

meelx mopihi? os'o yainca. yut'inga to amopasuya-- " honci o'te
mocu meelx mopihi mala mooteon'a to aezonx to toaphoyx, honci no
o'te uovei to teova ho soupuzu ho ngineano.

tola aesiesia pahsxsxfta ta cou-- honcieno sunghucu, honci ake'i
smoupoponeo ho ake'i mohpopoha'o na chumu, zou! hoci amako o'te
aemoemou ngohexngex no kuici smoyo, mala mozex fihtohe chumu
ho oheovcuhe, zou asngxcx bumama'tx'txs'x ho o'te poa etokxa'e
fngu, 'ala man'i 'ote peela t'opeapi to aaskiti to c'oeha, hoci c'ono
miocic'o yxfkxtxhe tomo taso ci chumu, ma tako at'inghac'o tiepxnga
na tonxsu, hocu no smoekeukeucu o'te meelx aot'ou co t'ango, zou
hon'a mais'a pano mo e'txyx ho txtpxtx, la mais'a mo o'te yuv'ohx!

zou ta fuengu, la'so na'no evoza ho bankake 'o mapapae'ohsasi
ho masusuyoic'o, honcino suobuku ma lac'o pnanfi na tonx ho
osnic'o butaso tmo'peapo, lato a'xmta sokoeva ho smoyoa na eni, 'o
lato yainca-- "suobuku 'alas'a mongi ta yo'nxngx tan'e, mongi ta
yo'nxngx teen'ano ahtu mainenu!" , 'o'so va'hxta fuengu, la yuyu'eo
ho susuyoi, honcisino snoyafa nomo yo'nxngx, la na'no lua es'e'o
to feongoto fatu ho cxnghx, honcieno o'te s'usna no vozasi ho poa
smoma'payo'x honcieno o'te alac'u poa smopunakia.

asngxcva talxa 'o lahe pahsxsxfta no noana'o, lahe pahsansana
zou pano "engohcu" , ko'koeno ho lato emocmu'u to chumu to
va'hx, lato ahtu o'te bispueho ho toobuku to fatu , tatocu smeecx'ho
supihi honcieno o'te peispak'i to chumu.

涉水過河（譯成中文）

以前山區，河川大都是無橋可過河，想去上山工作時必須涉
水而過河，我們以前還小孩的時候還沒有涉水的能力，總是由隨
行大人牽扶或背著渡河。祖父說：「涉過大河需選擇河面較寬廣
水域之近下游區，採目測可清楚見底，若混濁，則用所持棍子仔
細探測深度及流速，若不明確，絕不宜想著冒然渡河。」「如果

無法過河那怎麼辦？」我是這麼說，pasuya叔叔回以：「要岸邊等候或返回工寮生火取暖。」

　　就鄒族傳說中的戒訓：「若落水，有點平緩之河川流速較緩較慢，只要不過度緊張害怕趕緊順水而下，保持清醒及不讓頭部撞擊，沿岸甚多可游上岸之地方，若極力抗拒大水流，只是無謂的耗盡體力、抽筋腳痛無法動彈及好像被什麼東西拉著及捉住，會好像游不動哦！」

　　在山區，落差大或瀑布多，若落水，則應全力儘速游上岸，鄒族視之為阽危之域，所謂「落水不離此塘，離塘則命休」，因山區河流亂石多、瀑布多及深塘多，大水沖離該深塘後，極易卡在石縫中或墜落撞昏或撞死。

　　長者諄諄教晦銘記在心，他們明確指出有「水鬼」，所以我們近河水之前，必會敬神及拋石入水即可安心渡河或玩水。

探路‧智慧之毛第三集

taunona'vx ci mameoi（傳奇的長者）

　　o'a mocumo na'no noana'ote, pantomo cihi ci isi a'xmta taunona'vx ci mameoi ta cou! 'alas'a ahtu teos'ofx hola emoe'ue'u ta fuengu, la coninoc'o smu'iei to emonoiei, la kaebx mooyai to aesiesiei h'oepona no efo'a ta cou, to hiasi biebimi ho bumemealxa to tesi sii, homo conohie mala na'nosinoc'o zocni 'o lasi teongasi.

　　mo conci hie, zou ninca eemcu! isi aiti 'o f'uf'ueevi, ma isi meoino tikuzkuzoa, isicu fihi ho yosu'ka, emoe'ue'u to micu a'xmtxcu ceohx ci hahaengu, mooyai tomo na'no esmacongo ci h'oepona no efo'a, 'amono'so asngxcx tosmxnx'x, mioc'o miteuhi isicu pap'eta, cu'so aiti! to isi sii to h'oepona, ma aucunuc'o ci isi peuhcuhcueva ci ceoa, ho ma isi ebohti ebkoci 'o kahkxmnx ci fohngu. (isi yainca no 'tohxngxsi-- maa cumac'o namo maica? cic'os'oo moatx'nx no kua'onga 'ola maica ci hia tasooa!), isi easasa namo yaa evomxa ci patinsoha no fohngu, e'oc'ovi ho meihuhucu ma'e, o'amo moomanate, zouno f'uhno meoiino peohaengu. (te asonx conci kahkxmnx ci pcoknx na hiasi covhia), cumaa 'e suutmaipcuku! mo aucunu lingki, ngeongeoi to mo fxecx'ia(fxecx'za）ho feofeosx, isi poa smaso 'o hisisi ho muhmufunu, zou mi'usnu ho mooteo, 'o nia ak'i'u, osi la iachia exsvxsvxta, ma o'aisi nana iachia cohivi, homonana yupa mi'usnu ho maezo smaso no fatu.

'omo yonto f'uf'ue to oi'isi ho yaahioa, aiti homo o'te ahtu yuovei, ihecu ta'kuv'a, zou popeoskuna 'o 'Iusungu ho poa peecuneni ho aiti, isi aiti 'o isi seo'txneni to ehufu ci yatumayx, mo tome'tx'txyx, toevavoveic'o ho mumunmuni, ne isicu yunga mo smosonx smo'oc'o maita'e, ma-- ci 'aico isino yoni po'engnx ninca av'u co isi yoni!

na nia noana'o, mo na'no aezuhu na peipeis'ausnasi, maezo smaso ho yupa mi'usnu, zou na eni! mala a'xmta meoino peesi ta cou, homo mi'usnu ta isi koe'ia, sokoeva ho smoyoa, aesiesia pahsxsxfta no maameoito-- "teko'so peteoteoiva a'o, ci mi'o'so angu teoteoiva ci yatatiskova", ci'a lana mi'usnu to piepiasi ho bumemealx, i'vaveohungu aomotx'x, zou tetola cohivi na eni.

傳奇的長者（譯成中文）

不久以前，鄒族有一位非常傳奇長者！他從不持弓帶槍入山林，總是配掛一把鄒族獵人刀，以佈設傳統鄒式陷阱爲樂，其擇處佈設之謹慎度，常會一日僅佈設一門。

某日，就在eemcu（地名）！其發現木薯園遭受巨大破壞，便探循足跡，進入已是茂密厚實的芒草園，施放一門超強之套腳陷阱，因連逢大雨，只三日卽前往查巡。去看了陷阱區，所見挖掘的土堆滿處，並將陷阱之木棍硬生扯斷（他心想，這到底是何物？也只有黑熊力道才如此之大！），其施著有鋼索的木竿尾端，朝上坡方向並沿路挖掘，沒走多遠，大芒草叢背後（約大根麻竹長度的距離遠），赫見全身泥濘，端坐口流白沫泡泡、磨牙噴氣面朝著等候。祖父後來自訴：「不知莫名的亢奮面對著，且也在石頭上磨刀對望。」

在下側地瓜園工作的人，見其遲遲未歸而擔心，便指派'Iusungu跟著前去查看，當綁在棕櫚樹的yatumayx（狗名）極度不安，鬆綁繩後其往上狂奔，狗吠聲應就是事發現場！

先人是極反常的也磨刀相對應！就此事，鄒族視為大忌，面對尊敬的、危險的及可怕的，我們古老傳說的誠訓：「請您禮讓我，因為我是很溫馴的弱者。」對其靈之審慎、謙卑之溝通，這個我們要瞭解。

sufeoya to ba'i（祖母的煙斗）

'e cou atoana ta poseongana ne noana'o, i'o la etohvi poufeufeu, la to coninoc'o iachia teai, panto la boemito peongno pasx, vhongx ci covosxno kaapana, misino maozi, honcieno o'te f'ue, la mav'ov'o 'o lahe teai ho titha ci sufeoya.

i'o tismxya, 'a lahe c'o yaeza iachia emx'a, la he teoca 'o micu kayani ho hosopneni to spispi to feongo to maceoceo'x tasi ta'poepia, homono taso'o poepe, tasicu peamo'neni 'o bxvnxsi, tac'u iachi cxmfex ho paecngicngiha na nsousi, ho maica ne noana'o, zou na noana'oto, la na'no yupa momofi, ko'ko o'alas'a ahtu tivivio no tismxya.

'o nia no ba'e mameoi mia, micu'so a'xmtxcu mameoi, la o'te na m'ona'o, mala kaebx yxc'x ho mon'a taico fexnga ho etamaku, la poecx'o ho tac'u tmunsohx 'o teo'ua, honciko o'teahtu yxc'x, 'a tena yusuhngu to penpingna to hoposu ho poufeufeu, ho maica 'aoko aomotx'x ho asvxtx pahpasunaeno, tac'u aatotavei koicx, leano ahtu tmasx'no, upena honci si tbangbangi t'xtei, 'o atuhcu koa yusno'ionx, ma i'o la nasxmx no nakuzo ci feufeu, ma teko axmtx pului honciko o'te ahtu yxc'x ho mongoi to hoposu, nama ho cikono mais'a 'ayumomangi na hisu matuna'o no emx'eona no etxpx.

祖母的煙斗（譯成中文）

古時我們阿里山鄒族，用來抽煙器具總是自己做的，有的用箭竹根部、細的桂竹竹節、或孟宗竹竹根，不然就是用地瓜，他們製作及使用的煙斗是形形色色。

煙草，也是他們自己種的，他們會將成熟的煙草砍下後插在石牆的隙縫間風乾，風大的時候會將其煙草花吹散，飄落四處自己生長而延續生命，而且古時候我們的先人是很懂的分享，故從不缺煙草。

以前我們的老祖母，因真的是已經年紀大不貪睡，她喜歡半夜就起床抽煙，當公雞初啼時就會叫起床，如果你不起床，她則會坐在床邊抽煙，並一直說話或不時哼著歌，最後會罵人，被罵時當然不會生氣（縱然是痛罵一頓）。其實快速起床的主因，那是因腥辣臭氣的煙味，若不起床則真的會被嗆死，除非你有跟夾肚蟹一樣的肺活量。

第八篇　測量之歌coeno coeno（果然 竟然）

　　參與1979年新中橫公路東段測量隊之族人伙伴們，皆屬達邦大社相互熟識nanaehuehunga（比鄰而居者），抵達玉里後宿住吳家民宅二樓，九人舖地排排睡，臨近稻田無河、無山之平原地區，又離市中心尚有一段距離，每日晚餐後無處可去也無電視可消磨時間，Toyovi（溫增相長老）及Kengo（莊建興長老），皆有隨處哼歌之喜好，莊明華更是出了名的達德安部落歌王，除傳統鄒語歌曲，如〈塔山之歌〉、〈白髮吟〉、〈玉山之歌〉、〈勸勤歌〉、〈南遷歌〉……等外，日語歌曲如經典之〈愛你入骨〉、〈夢追酒〉、〈原諒我吧心上人〉、〈酒歌〉……等為主，其中日語歌曲〈裸念仏ぁ岩の上〉歌詞中因有ceo ceo ceo，近似鄒語之coeno coeno（果然 竟然）。末段之'aeno zoueno（就是這樣 真的這樣）可對應前者之副歌，以團體合作民族個性之鄒族，尤其在歌藝之默契和諧更是展露無疑，皆可隨口回應共鳴。

　　為深入鄒族傳說故事中mohkuv'oci c'oeha（流錯方向的河流一秀姑巒溪）、kakatuana（大分）、cikei（新康山）、kokos'oza（闊闊斯溪）等曾為傳說中鄒族先人活動範疇，能依循先人足跡之探索更是高度的期待及莫名的興奮。

　　「我們應該要有自己測量的歌！」溫長老是這麼說。莊明華隨口逗趣哼唱coeno coeno coeno coeno（近似一看看你果然有此意），莊長老就回以'aeno zoueno（近似一就這樣吧！同意說法），數日的七嘴八舌逐次修改即拼湊完成。探以由米山作曲、作詞之日語歌曲：〈裸念仏ぁ岩の上〉（臺語〈水車姑娘〉）為曲，譜成鄒語歌〈coeno coeno〉（〈果然 竟然〉）為歌名，由家鄉出發一臺北一玉里一大分一塔塔加一八通關一返回家鄉之情境，具隨性、感性、思念之歷程，微言含深之歌頌恰如其分，且

具厚實之文化感及族語詞彙用語編造。

〈coeno coeno〉（〈果然 竟然〉）

簡譜

5612316　5612123　12353　33216　16535356

3323　3323　356　56163　21235356

12　16　1653356125　323　2165356

歌詞精選最具代表性三首：1、〈給玉里〉。2、〈給酒鬼〉。3、〈給回鄉〉。

1、〈給玉里〉：參與人員皆很少離開家鄉，要到陌生環境自我心情之調適。

2、〈給酒鬼〉：一群好友快樂的與山林爲伍，探索先人足跡，無拘無束自在生活歡樂心境。

3、〈給回鄉〉：讚嘆及體會先人縱橫山林及艱困生活，已成過煙往事及返回家鄉之心境。

〈給玉里〉（離鄉至玉里）

soovei si yaicingesana e'usnuesmohmahie paivhongi ci toesoso poesoso keteoepxepx

回眸 展場鬧區 朝向東方觀測是 飛的 拉稀的竹掃把

coeno coeno coeno coeno otoef'u amaktac'o yonghu te yazohnonenu

果然 竟然 果然 竟然吃太多遭致 再漂亮又如何

'aeno zoueno peismome enecuc'o ma'susuae 'ima cu tamazato

就這樣 眞是這樣驚醒 無限 後悔原來已經是玉里

〈給玉里〉

離開鄒族之展場鬧區回眸一望，朝著東方太陽出來的方向，觀測到的是會飛的屋子（飛機），有如竹掃把施著尾巴像在拉

稀。

　　果然 竟然 果然 竟然 貪心吃太多，導致頭暈嘔吐滿地，裝扮得再漂亮那又如何？

　　就這樣 真是這樣 酒醉清醒時，真的非常後悔怎會跟著來這裡，原來已經到達傳說中的玉里。

〈給酒鬼〉（自由自在的生活）

saipacu suteuyunu papika pasunaeno 'anatesi psoec'ha fingauto inoto

　　我們又要坐一起 拍手 唱歌已經傳不到 媽媽的回音

coeno coeno coeno coeno pesonx o'mxsx muhiei sihkuyu yupa tmx'txyx

　　果然 竟然 果然 竟然乾杯 鬼臉怒聲抱頭相互大小聲

'aeno zoueno sangeauno kuici cou hokuici puutu 'ose la'u yaica

　　就這樣 真是這樣 壞壞鄒族人及壞壞平地人的酒 我就是說嘛！老伴。

　　〈給酒鬼〉

　　我們今天又要歡聚在一起，坐一起拍拍手兒唱唱歌，已經遠離母親再也聽不到媽媽來自對面山壁吼叫的回音聲。

　　果然 竟然 果然 竟然豪邁的乾杯，卻是難喝到不由自主的扮鬼臉，醉後常如山豬般的怒嗆聲 輪流相互抱頭大小聲的歡樂無限。

　　就這樣 真是這樣 壞壞的山地人及壞壞的平地人所做的酒，因常是令人神魂顛倒、醉臥溝渠、誤事受罰又捱罵，親愛的 我就是說嘛！

〈給回鄉〉（返回故鄉）

kvo'nano i'vavehngu tuop'opx angongohia smolenge ta kuuyai
kuyaino skakavici

不自在 謙卑 挖掘 珍惜坐在車上會氣喘的車子

coeno coeno coeno coeno miteufiu skaayavangx soyovci
mavahavana

果然 竟然 果然 竟然 朝東望泰雅族朝西望北鄒區

'aeno zoueno tospxspx hoseovnana toveineni mokoengx
mitungucu

就這樣 真是這樣 萎縮 缺糧時節 交托 子孒 祭典

〈給回鄉〉

在測量期間，身處早年之傳領及現在布農族之領域，很難
不心存謙卑慎行，不斷的探索挖掘鄒族祭儀歌詞中可能之靈感線
索，並珍惜領悟到的所有一切，端坐在陳舊不堪有如病入膏肓的
車上，嚴重氣喘到會斷氣的尖頭貨卡上。

果然 竟然 果然 竟然 仰首朝東北遠望泰雅族群之領域，向西
南俯瞰北鄒luhtu族人的之古部落mavahavana所在。

就這樣 真是這樣在惡劣環境及缺糧季節中之經驗，就只
交托給子孫理解並據以學習成長，我們回鄉在一起快樂的工作
（kiotookai換工），有如子孒一般渺小卻留有一定彼此空間「相
連而不膩」，非常團結的凝聚在一起，永遠維繫著鄒族傳統之
homeyaya、mayaasvi祭儀之傳承。

〈愛　tomohva〉（標示）

風

是它　滋潤我心

豐富驚豔我生

咦！是夢

秀姑戀奇美？

岩猴搗嘴笑狸獺

浪花兒　心碎了

啊！噗咚　翻碎彩虹

呢喃　呼喊中　柔風輕拂嘴角

甦醒　才不呢！美麗的溫潤

蝶戀花兒　心　碰碰碰

怦然心靈　臉兒　紅紅紅

流星瞬間穿越芋葉滴落玉珠兒

凝滯　墜落無盡深淵

是北風　跌倒撞得楓紅　旋旋旋

是心崖　飄落牽牛花兒　轉轉轉

曾經完美的會心喜悅　暈暈暈

迷濛之愛如貓視界

是內心的音符

是誰遮住星星的眼睛？

靄　揚眉冷笑　嘿

風愛風恨　風　癢癢

唉！就為雲作最後生命的註解吧！

淚盈凝望著

何忍禁錮生命至愛　嗚嗚

風知　咪

雲給妳

淚如垂柳

裝飾人性昇華
飛越靈魂的結界
風　依然陪著　雲
詩命底層的牽掛
敬仰的牧者　奇
哼一曲　心裡的歌　當你老了
陪妳永遠陪你
到底？

說明：

一、詩詞大意：我們曾經年輕，相知、相惜、相戀，現在已
　　年長囉！我知道你對我好，我也喜歡你在我身邊，但請
　　原諒，當我「煙斗當髮簪」時，就是不喜歡你打擾我。

二、本詩特色：於鄒語中，與tomohva（標示）尚有相關之
　　詞彙用語，如a'honga ho'hongi so'hongi等皆可謂標示、
　　記號之意，煙斗當髮簪，該「煙斗」始謂tomohva（標
　　示），若煙斗及髮簪分割則不成意，詩中不直接以煙
　　斗，而是取用較貼近及具深厚文化意涵之tomohva作詩
　　題，詩中更表現相知、相戀、相愛，及「無愛之愛之最
　　高愛意」更有美麗與哀愁現實之呈現，故本詩以「愛
　　tomohva」定名之。秀姑巒溪泛舟落水，水中停滯剎
　　那，融入虛幻、實境之心靈觸感，以具鄒族文化中，足
　　可代表一切之「風」入詩，並用台灣原住民最常用之口
　　頭禪「到底？」作詩之結尾，為溫馨又不確定之心詩，
　　謂之美麗的快樂。

三、部分詞彙深層意涵

　　1、台灣某族群族，因生理因素不再具某些期待，則自
　　　　備煙斗當髮簪暗示其郎，另一半心中若釋懷則會親
　　　　手雕製精美，並刻有其最喜愛圖騰之煙斗，會在溫
　　　　馨的日子親送妻子，妻子見其理解而感動落淚，另

一半也會因此而受部落族人所敬重，該行為係部落約定俗成之文化特色，以「煙斗當髮簪作標示」，對外作意思表示、暗示或宣告之作為。

2、tomohva標示（鄒語）：在鄒族社會中為某種告示或宣告，諸如只要見到用茅草編成之標示，若指向虎頭蜂窩方向，即標示虎頭蜂窩已有主人，任何族人絕對不會有非分之想，不但受祝福還會共同維護。

3、猴、狸、獺：皆屬精明之野生動物，各族群傳說故事皆異其趣。

　　猴：精明、記恨。早年被國家保育的比原住民還寶貝，現在快速成長農民見到恨癢癢。奇美哥哥裸泳秀姑巒溪，兩隻猴子捧腹狂笑：看！那怪物，尾巴長在前面，而且又那麼短。

　　狸：狡滑又合群。會站起來的狐狸（kuhkuyac'x），即指梁上君子；狐狸能合群追擊山羌及防不勝防偷吃家禽之惡。

　　獺：精明、迅速。長者訓斥：跟水獺一樣（snoknoko），轉身一溜煙就不見人影了，影射偷雞摸狗或善於攀勢之輩。

4、浪兒：尊稱河神，邪稱水鬼（engohcu）。本詩中係因水鬼吃醋而揮鬚捲落水。

5、流星（鄒族tx'sx no congeoha星星之箭）：此代表著幸運之神，她受到愛神的眷顧。

6、貓視界（鄒族teo'si no ngiau喻短視）：只見光點或線之末端，而不知所以然來。

7、靄（鄒族稱epvongx）：霧非霧 雲非雲 煙非煙，近似影片中妖氣現身初始之迷雲霧氣另人不安。

8、咪：至愛之暱稱，比心肝寶貝還寶貝，如同「'ose」為鄒族小兩口之相互暱稱。

9、結界（鄒族之pa'momxtx）：惡靈防線要塞，係鄒族巫師所設邪靈之屏障以保護部落之安全。

結語

　　每當取道南投縣信義鄉（臺21線）捕捉高山瞬間美景，常駐足日出絕佳觀景點140公里處瞻仰傳說中的發源地——玉山，曾經測量概略水平線路，現在多成白花片片陡峭岩壁，不由驚嘆又感嘆！當初若真開發該測量線道，罪惡感遠超乎成就感，若僅為迎合觀光交通及經濟利益，而犧牲自然生態環境，大地反撲必將是人類無可法彌補之災難，幸蒙國內生態保育意識逐漸甦醒，當時政府高瞻遠矚明確睿智的抉擇，最終可永續山林保育的玉山國家公園取代新中橫公路之開發。然而從探勘及測量時期，冒險工作的是熟悉山林的原住民，可國家公園設立後，受到最多限制的卻也是生活在山中的原住民，居住、土地、採集及開發皆受到影響。國家在規劃不論是公路開發還是山林保育的重大政策時，無非為了經濟發展或為了符合國際保育思維，但是其中是否能多參考在地原住民族的聲音？否則原住民族最終依然是成為國家進步之下的犧牲品。

　　又行政院2019年10月21日宣布山林解禁政策，開放全臺81處林道，但配套措施尚未跟上腳步，山老鼠、山難事件頻傳，因學校課程無可習得山林教育科門，滿腔熱血的年輕朋友，過去對山林的認知僅限於書本之中，卻鮮少真正踏足山林，以至於山對他們來說，常常是一個拍照打卡的優美三角點，卻未曾思考過當中的危險。亦未知曉其所踏足的無人祕境，本就有原住民族在此活動、甚至是族群的重要場域。應將臺灣極特殊之高山地理環境、登山安全、山林保育及尊重在地原住民族文化等，併民主、自由應以「法治」為準繩，同列屬臺灣「基礎教育及社會教育」之必修課程。

　　漢族朋友在山林中迷失，原住民必會安全的護送其返家；

結語

147

而原住民朋友在都會叢林，亦得依賴漢族朋友溫暖的雙手牽引方向，此乃人類功能良性之互補，「生命共同體」充分展現於本次測量中，筆者自幼年因大環境影響而對漢民族充滿不信任，在測量旅程共患難精神的感動下，逐漸放下人與人之間的成見，誠摯感恩！惟目前社會大眾與原住民族間仍存在不理解與偏見，亦期望能逐漸克服。

　　在近年八通關越嶺中再度鑑賞大地鬼斧神工、千巖競秀、水碧山青自然美景，已是刀折矢盡之致事之年，完成再度親近山林之宏願。更因大環境之變遷原住民文化快速隨著耆老消逝，而增列相關鄒族文化篇幅，期請讀者朋友們理解，並請族人能潛心關注。誠如西哲尼采所言：「當你離去時，你的精神或人格還能吐出最後的光芒；太陽落入西山之前仍如以萬道金光照耀大地。」甚幸a'xmtx fihno zomx（真的跟著鳥走—真是幸運），甚多朋友及生死伙伴們全力支持及協助，曾參與測量之Amo-yapsuyongx（舅舅安憲明耆老），於2017年達邦社homeyaya（小米祭—鄒族之過年）更是將所保存之照片割愛並泛淚道聲：「如果有時間及能力，請一定要為子孫留下我們一所懸命的故事，因為也只有剩下你可以。」吾深知此乃長輩的明確任務交賦及高度的期許，為披荊斬棘責無旁貸之責。於2018年開始心存戒慎的用心思考，並以必須要再重走一趟越嶺尋找靈感及恢復記憶為前提。40餘年後之今日，終於將測量工作殘存記憶排除萬難拼湊呈現，供後輩瞭解曾經的美麗與哀愁。峰迴路轉之《探路》一書，得以美夢成真。ma'veoveoyx ta botngonx ho axcxcxhx...（感恩大家及所有一切……）

感謝

1、感謝交通部公路總局不吝提供當年測量僅有留存之生活照及網路──維基百科陳列相關資訊。

2、感謝所有前曾參與新中橫公路高山測量工作的伙伴們，及後勤支援之布農族勇士們，致上最高敬意與謝意！40年後之今日，終於將測量期間殘存的記憶拼湊呈現。

3、農委會張老師，更是筆者嘗試寫書的信心與支撐：族群自己故事要族人自己說，不然就會為他人所定位。

4、ohaevaci-Tibusungu（臺師大汪教授）提供《96年度原住民族傳統領域土地調查後續計劃成果報告》相關資料並給予指導。

5、曾參與測量之amo-Yapsuyongx（安憲明舅舅）及ohaevaci-moe'o（安俊雄先生）將所保存之照片割愛，並道「最初我們有九人現在僅剩四人」之高度期待及渴望的眼神。

6、感謝布農文學家沙力浪老師及花蓮卓溪登山協會特允筆者參與2020.09.05─13日，9天8夜重裝古道越嶺協作實地教育訓練，使筆者再訪八通關越領古道找尋曾經殘留的回憶及靈感。隨團彼此不熟識，然而對山林保育、歷史文化、登山護山及古道探索同具高度的熱忱，數日相處共患難儼然形成緊密不可分割的生命共同體，在人生旅程中必將占有一席之地的回憶。

7、感謝鄒族二大社尊者支持及指導、部落耆老、族語老師、族人朋友的勉勵與支持；吳家四位長老（Halu、Atai、Pasuya、Avai）的全力支持。

8、95歲年邁母親嬌嬌（Paicx'e'Asako）的諄諄教誨：

「因子孫已完全不具能力，若本代的你們不做，必將完全消失。」Pasuya,'Akuanx等姪子輩協助中文校核，Yngui,'Avai等族語老師作族語核校等，牽手Yangui及小姨子瑩瑩老師，無怨無悔的全力協助及作後勤支援，小犬'Iusungu更是大一時期就學會緊迫盯人「請爸爸說，我作紀錄」，其2017年達邦國小代課八個月及任職原民臺記者，全省各部落走透透後，更強烈期待能做高山測量出書之建議（近10年甚多資料係由小犬不停紀錄彙整）。用心回想，一路走來的確是辛苦，但對未來卻是彌足珍貴。

mamameoi- mifeo；ceonx- teko iachia p'exsxseomi.

（長輩們- 探路；路- 你自己踩平）

參考資料

一、誠感謝交通部公路總局中華民國107年5月17日路規資字第1070055929號，提供當年測量僅有之部分生活照，及參考網路維基百科自由的百科全書：http://zh.wikipedia.org/zh-hk/%E6%96%B0%E4%B8%AD%E6%A9%AB%E6%99%AF%E8%A7%80%E5%85%AC%E8%B7%AF。

二、行政院原住民族委員會《96年度原住民族傳統領域土地調查後續計劃成果報告I》。

國家圖書館出版品預行編目資料

探路：智慧之毛第三集／Voyu.W（吳新光），
'Iusungu.W（吳伯文）合著. --初版.--臺中市：
白象文化事業有限公司，2022.12
　　面；　公分
中文、鄒語對照
ISBN 978-626-7189-61-0（平裝）
1.CST: 鄒族 2.CST: 民族文化
536.335　　　　　　　　　111016705

探路：智慧之毛第三集

作　　　者	Voyu.W（吳新光）、'Iusungu.W（吳伯文）
鄒語校對	羅玉鳳、吳新生
中文校對	陳秋燕、顏雅徵、林金郎
發 行 人	張輝潭
出版發行	白象文化事業有限公司

412台中市大里區科技路1號8樓之2（台中軟體園區）
出版專線：（04）2496-5995　　傳真：（04）2496-9901
401台中市東區和平街228巷44號（經銷部）
購書專線：（04）2220-8589　　傳真：（04）2220-8505

專案主編	黃麗穎
出版編印	林榮威、陳逸儒、黃麗穎、水邊、陳婷婷、李婕
設計創意	張禮南、何佳誼
經銷推廣	李莉吟、莊博亞、劉育姍、李如玉
經紀企劃	張輝潭、徐錦淳、廖書湘、黃姿虹
營運管理	林金郎、曾千熏
印　　刷	基盛印刷工場
初版一刷	2022年12月
定　　價	280元

財團法人
原住民族文化事業基金會
Indigenous Peoples Cultural Foundation
原住民族電視台 & 原住民族廣播電台
Taiwan Indigenous TV & FM96.3 Alian Radio

財團法人原住民族
文化事業基金會　補助

白象文化　印書小舖　出版・經銷・宣傳・設計
www.ElephantWhite.com.tw　f 自費出版的領導者　購書 白象文化生活館

探路經典景照片

東段測量期間留存珍貴生活照片

　　強渡秀姑巒溪上游「樂樂溪」為每日必經行程，由左起：溫增相、莊明華、安俊雄、方活昌、吳新光、林副隊長、汪先生、蔡隊長。渡河時，工程人員必是安排位居上側，以確保安全。（安俊雄提供照片）

先期參與東部測量之阿里山鄒族族人。後排左起：安伯朝、安憲明、安金次、杜文裕、溫英明。前排左起：溫明輝、筆者（吳新光）、Ipai、溫增相、Palako、莊明華。Ipai及Palako係卓樂在地族人，協助東段測量之膳食等後勤工作。（安憲明提供照片）

　　日治原大分駐在所於1911年建制造，上圖測量工作人員1980年合影於大分營地日式建築前，2002年玉山國家公園管理處已改建爲鋼構之大分山屋（如下圖），俾便研究人員及登山客使用。（交通部提供）

　　日治時期三次理蕃事件（戰役）爲：太魯閣事件、大分事件及霧社事件。
圖爲抗日時間長達18年的大分事件地點。正後側最上層之較廣闊平緩臺地，
布農族稱之謂kakatu；鄒族口傳歷史故事中，大分全區鄒族人稱之謂kakatuana
（筆者拍攝）。

　　大分上游闊闊斯溪跨溪預訂點，地勢險峻，最擔心爲地震或動物受驚嚇逃
離而滾落石頭。（交通部提供）

　　清除測量視障、修路、築橋及架繩索為常態性工作，以方便及確保後方工作人員安全。（交通部提供）

　　地勢險峻，路邊克難搭建營帳，古道二側為廚房，自行擇處用膳。（交通部提供）

測量工作期間平時早、晚餐，隨興自在歡樂時光。（交通部提供）

近斷糧時會停工分組備糧，白米是最所期待。（交通部提供）

3-10 佳心隧口（ 18K ＋ 900 ）東口全貌。

3-12 山陰～多沙土間崎嶇之地形。

3-11 美拖利、山陰一帶下方險峻之地形（右側）。

3-13 多沙土稜綫西南向山坡之崩坍情形。

山區地形褶皺近在咫尺，卻需數日才走出一凹谷，常是高繞下切全力維護全隊伙伴們之安全。左上照片3—10預訂隧道，係穿越山稜線後出口處，為臨近佳心傳統布農屋區。（交通部提供）

八通關古道越嶺

　　大水窟山屋及大水窟，位處台灣屋脊——中央山脈南大水窟山（海拔3381公尺）之側，本區為日、清古道交會處，有日本駐在所及清朝營盤遺址，為八通關越嶺古道之最高點（海拔3227公尺），山稜線左側屬秀姑巒溪流域，右側屬荖濃溪流域。（作者拍攝）

　　新舊「意西拉」吊橋。測量當時，諸多吊橋就如同舊橋般的破舊不堪，甚至無板可踩驚險萬分，往返通行膽戰心驚如履薄冰。（作者拍攝）

　　層峰連綿、巍峨壯麗，秀姑巒溪源頭，未受破壞無塌坊，為屬超完美自然生態景觀！山林間潛藏著無數臺灣原住民族群及日治時期，可歌可泣的歷史故事，深值我們用心探索。鄒族古老的誡訓：「大自然中，除人類外，任何生物皆不可或缺，故人類應心存感恩的回饋大自然」。（作者拍攝）

hohcxhbx（大塔山）

　　大塔山（hohcxhbx）為阿里山山脈最高峰，海拔2663公尺，為鄒族仙山（善靈之歸宿又稱靈山）。

　　圖下側為阿里山森林火車道之「眠月線」，眠月線是阿里山鐵道支線之一，起於「阿里山新站」止於「石猴站」全長9.2公里，沿途共經過24個橋樑與12個隧道。早期眠月線的開發是日本政府為伐木運送而建造，後為發展觀光，國民政府在1983年開始使用古老的蒸汽火車載客。

　　1999年因921大地震鐵路坍方而停駛，經修復通車，不料2008年又遭逢八八風災再度損毀。之後為遊客安全及環境保育，眠月線之「木板道」作整修並於2022年5月1日重啟開放並作入園人數管制。

　　大塔山下之「眠月線」沿途景緻美不勝收，全區可謂洞天福地，正是鄒族祕密後花園，地靈人傑的鄒族來吉部落就座落在山腳下，族人默默承負著該區自然生態保育。（作者拍攝）

由大塔山朝「南側」觀望

　　由「大塔山」鳥瞰阿里山觀光區，依序為阿里山山脈、玉山山脈及中央山脈。中央山脈由左依序為向陽山、大關山、北大武山。（作者拍攝）

由玉山四周（東、西、南、北）觀測玉山

由「西側」即由大塔山觀測之玉山

　　大塔山遠眺玉山山脈五峰——由左起依序爲：北北峰、北峰、東峰、主峰、西峰及南峰。（作者拍攝）

由「東側」觀測之玉山山脈

　　由中央山脈遠眺臺灣最高山脈——玉山山脈，本區山谷爲荖濃溪流域之源頭區。由左起依序爲：南峰、東峰、北峰、及北北峰。

由玉山「南側」向陽山朝北方向觀測玉山

　　由向陽山遠眺玉山群峰，前為雲峰。中後側最尖為玉山、左為南峰、右為東峰。圖右側為秀姑巒山及八通關山。圖左側為塔塔加方向。

　　測量規劃「變更路線」，即由（圖左側方向）塔塔加—南溪林道—越過玉山山脈（臨近八溪山）—經玉山南峰下沿。越過荖濃溪，於雲峰右側之塔芬尖山處隧道穿越中央山脈往大分方向。（作者拍攝）

由「北側」八通關前山觀測玉山

　　由北側，八通關前山遠眺玉山，由左起依序爲：東峰、主峰、北峰、北北峰。八通關大草原爲中央山脈及玉山山脈唯一相銜接點，爲日淸古道交會點，有淸朝營盤及日本駐在所遺址。八通關爲由東埔前往玉山之門戶。因二河川（左側荖濃溪、右側陳有蘭溪）之源頭不斷向源頭侵蝕，致生河川襲奪現象。右側爲金門峒斷崖。（作者拍攝）

由「玉山峰頂」觀測東、西、南、北向

由玉山峰頂朝「東向」觀測

　　玉山峰頂朝東向。前爲東峰（3869公尺，又名天雷峰），次爲八通關山，後爲中央山脈。左起依序爲：馬博拉斯山、秀姑巒山及大水窟山。（作者拍攝）

由玉山峰頂朝「西向」觀測

　　玉山清晨倒影，前爲西峰正後方（尖者）爲北霞山（特富野大社之靠山）、右側爲大塔山（阿里山山脈最高峰）。遠處方向卽爲嘉南平原、臺灣海峽，天候良好之清晨，可由澎湖遙望臺灣山脈連峰。（作者拍攝）

由玉山峰頂朝「南向」觀測

　　朝南為玉山南峰（3844公尺），背後為雲峰、向陽山，右後側為中央山脈之大關山。（作者拍攝）

由玉山峰頂朝「北向」觀測

　　北峰（3858公尺）及北北峰（3833）。北峰臺灣八秀之首（又名天駝峰）。其設置氣象站為臺灣最高氣象測候站，也是東北亞最高氣象站。北峰及北北峰相距約一公里，北北峰海拔3833公尺並不列屬百岳之內。（作者拍攝）

金門峒斷崖（大崩壁）

　　金門峒大早年可號稱臺灣之最，後側高山左起玉山東峰、玉山北峰及北北峰。原測量路線卽由左側之八通大草原區橫越此大崩壁（1980年該區上側尙未大量崩落及移位走山）。測量時期之「寒冰營地」卽位處北北峰（後右最高山）下側之山谷中。（作者拍攝）

達芬尖

　　爲新中橫公路規劃以隧道橫越中央山脈之處。

　　位處中央山脈之達芬尖山（3208公尺），爲臺灣百岳三尖之一。新中橫公路原以此區（達芬尖山）以隧道橫越中央山脈。

　　原設計路線爲：朝東向，繞玉山山脈「東北側」經八通關大草原，橫越玉山北北峰下至塔塔加交會。

　　變更設路線爲：朝西向，繞行玉山脈「西南側」經南峰下沿，隧道橫越玉山山脈（臨八溪山），接楠溪林道至塔塔加交會。（作者拍攝）

　　由大水窟山屋前大草原區，遠眺地勢險峻宏偉之東臺一霸新康山（3331公尺），因酷似金鐘故又名金鐘山。新康山係中央山脈朝東南分支之獨立山頭，鄒族稱之謂cikei（雞距），原日建古道，從抱崖駐在所區至大分駐在所區，皆係緩坡腰繞新康山下稜。（作者拍攝）

　　由土葛大崩壁下切繞徑路段拍攝。va'hx ta kokos'oza（很多溪蝦河流—闊闊斯溪）及va'hx ta mohkuv'o ci c'oeha（流錯方向的河流—秀姑巒溪流域）交會口，切割之河谷深淵稱之謂mx'caciku（深溝之角落）。中前稜線為cikei（新康山）之下稜末端。卽由本區之樂樂溪—秀姑巒溪—豐濱鄉「長虹橋」下出海。

　　由觀高原日本駐在所遺址區遠眺，右起爲八通關山、秀姑巒山及馬博拉斯山。由此區流下的水域鄒族稱h'ova'ha ta himeu ci chumu（混濁水域的各河流—濁水溪之主要源頭），秀姑巒山反面即爲秀姑巒溪流域，鄒族稱之謂mohkuv'o ci c'oeha（流錯方向的河流）。（作者拍攝）

由西側近觀玉山拂曉之美

　　由新中橫公路水里至塔塔加臺21線140公里處（臨近夫妻樹下側公路邊），仰望玉山日出前（moseo'ohngx—東方白但尚未亮）美景，爲識途老馬觀賞日出的私房景點。左起北北峰、北峰、玉山（中間尖者）、西峰及前峰。缺口爲鄒族稱tataka（塔塔加）玉山登山口處，該區爲玉山山脈及阿里山脈銜接點。（作者拍攝）

聚焦鄒族活動以玉山爲中心之示意圖

大塔山　濁水溪上游　玉山　濁水溪上游　秀姑巒山　秀姑巒溪上游　棉桎仙溪　荖濃溪　大分山屋　新康山　向陽山

　　鄒族山林活動皆有明確目標山頭，卽玉山爲中心點，以大塔山、秀姑巒山及向陽山爲外三點（三點皆可相互觀測到），朝東南之獨立山頭爲新康山。有明確各山頭之指引，故不易迷失方向（吳伯文編制）。

新中橫公路測量西段測量塔塔加—八通關示意圖

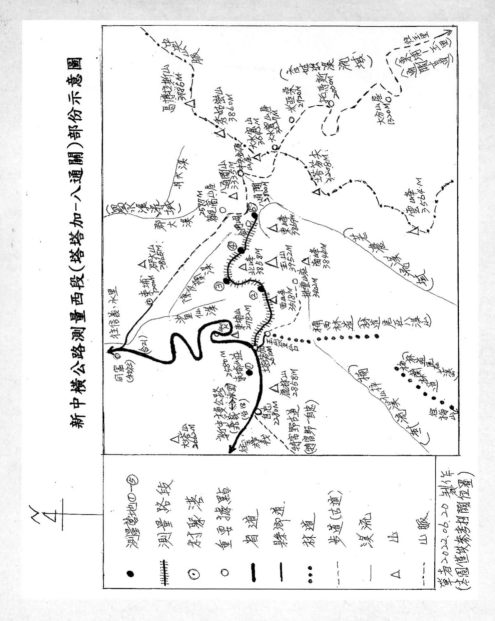

新中橫公路測量「原訂及變更」路線示意圖

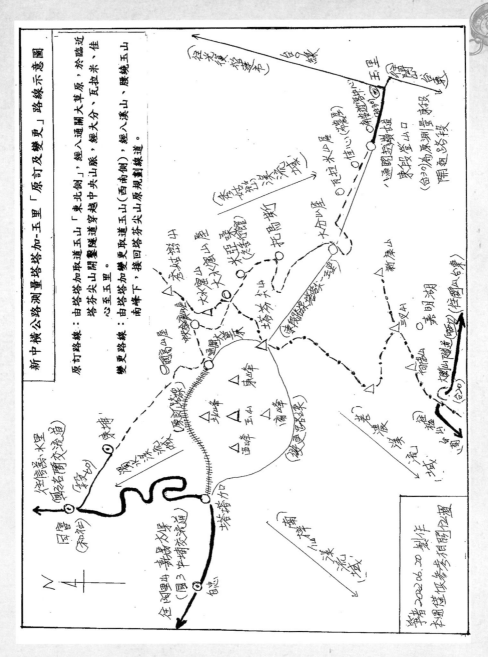

新中橫公路測量塔塔加-玉里「原訂及變更」路線示意圖

原訂路線：由塔塔加取道玉山「東北側」，經入通關大草原，於臨近塔芬尖山開鑿隧道穿越中央山脈，經大分、瓦拉米、佳心至玉里。

變更路線：由塔塔加變更取道玉山（西南側），經入溪山，腰繞玉山南峰下，接回塔芬尖尖山原規劃線道。

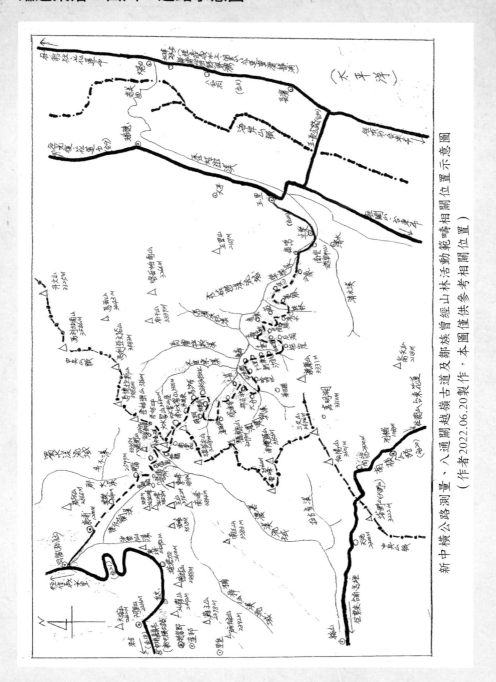

新中橫公路測量、八通關越嶺古道及鄒族曾經山林活動範疇相關位置示意圖
（作者2022.06.20製作，本圖僅供參考相關位置）